바빌론 부자들의 돈 버는 지혜

The Richest Man in Babylon

GEORGE S. CLASON

바빌론 부자들의
돈 버는 지혜

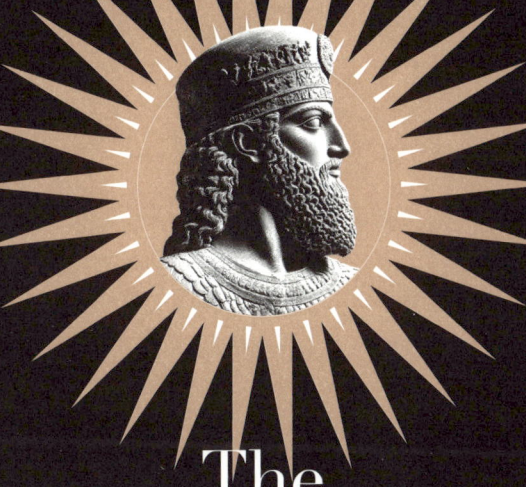

The
Richest Man
in Babylon

조지 사무엘 클레이슨 지음 | 이유경 옮김

더스토리

지은이의 말

한 나라의 국부는 국민 개개인이 경제적으로 얼마나 윤택하게 사느냐에 따라 결정된다.

이 책은 개인의 성공을 다룬 책이다. 그런데 성공이란 무엇인가? 성공은 각자의 능력과 노력으로 맺어 낸 결실을 뜻한다. 성공을 위해서는 적절한 준비가 필요하다. 적절한 준비가 바로 성공의 열쇠다. 그러나 적절한 행동을 위해서는 생각이 필요하고, 적절한 생각을 위해서는 이해가 필요하다.

당신의 텅 빈 주머니를 두툼하게 만들어 줄 이 책은 '돈의 흐름을 이해하기 위한 안내서'라 할 수 있다. 실제로 이 책은 경제적 성공을 열망하는 사람에게 돈을 벌게 해 주고, 그렇게 지킨 돈으로 더 많은 돈을 벌어들이게 하는 방법을 알려 주기 위해 쓰였다.

이 책에서 우리는 옛날 바빌론 시대로 거슬러 올라간다. 옛 시대에서 과연 무엇을 배우겠느냐고? 천만의 말씀이다. 바빌론 시대는 오늘날까지 전 세계에서 사용되는 금융의 기본 원리가 처음으로 시작된 요람이다.

이 책은 처음에 조그마한 팸플릿으로 발간된 것들을 다시 엮은 것이다. 그 팸플릿에 담긴 이야기 때문에 은행 구좌의 잔고를 늘려 가면서 경제적인 문제를 해결할 수 있었다는 독자들의 열렬한 반응에 나는 망설일 이유가 없었다. 그 이야기를 더 많은 사람에게 나눠 주고 싶었다.

또한 적잖은 분량으로 쓰인 이야기를 친구와 친척, 직원과 동료에게 가감 없이 나눠 주었던 기업 경영자들에게도 이 기회를 빌려 감사하다는 말을 전하고 싶다. 기업의 현장에서 일하는 사람의 찬사보다 더 나은 추천사가 어디 있겠는가? 그들이야말로 이 책에 쓰인 원리를 그대로 적용하면서 엄청난 돈을 벌어들이고 있는 주역이 아닌가!

바빌론이 고대 세계에서 가장 풍요로운 도시가 되었던 이유는 간단하다. 바빌론 시민들이 당시 세계에서 가장 부유한 사람들이었기 때문이다. 그들은 '돈의 가치'를 알았다.

그들은 금융의 원리를 착실히 지키면서 돈을 벌었고, 돈을 지켰으며, 더 나아가 그 돈으로 더 많은 돈을 벌어들였다. 요컨대 그들은 우리 모두가 원하는 것, 즉 미래를 위한 수입을 마련해 두었던 것이다.

조지 S. 클래이슨

차례

지은이의 말 • 004

1장
황금을 꿈꾼 사나이 • 009
The Man Who Desired Gold

2장
바빌론 최고의 부호, 아카드 • 021
The Richest Man in Babylon

3장
얄팍한 지갑에서 벗어나기 위한 7가지 지혜 • 041
Seven Cures for a Lean Purse

4장
행운의 여신을 유혹하라 • 067
Meet the Goddess of Good Luck

5장
황금의 5가지 법칙 • 091
The Five Laws of Gold

6장
바빌론의 대부업자 • 111
The Gold Lender of Babylon

7장
바빌론의 성벽 • 129
The Walls of Babylon

8장
바빌론의 낙타 상인 • 137
The Camel Trader of Babylon

9장
바빌론의 토판 • 155
The Clay Tablets From Babylon

10장
바빌론에서 가장 운 좋은 사나이 • 165
The Luckiest Man in Babylon

11장
바빌론의 역사 • 193
An Historical Sketch of Babylon

황금을 꿈꾼 사나이

The Man Who Desired Gold

The Richest Man in Babylon

바빌론에서 수레를 만들며 근근이 살아가던 밴시어는 깊은 체념에 빠져 있었다. 그는 집을 둘러싼 나지막한 담에 걸터앉아 슬픔에 잠긴 눈빛으로 조그마한 집을 물끄러미 쳐다보았다. 널찍한 작업장에는 절반쯤 완성된 수레 하나가 덩그러니 놓여 있었다.

작업장과 연결된 문으로 그의 부인이 뻔질나게 얼굴을 내밀면서 남편을 훔쳐보았다. 아내의 그런 모습에 밴시어는 끼니거리가 다 떨어져 가고 있음을 짐작할 수 있었다. 이것은 곧 한 시간이라도 빨리 수레를 완성해야 함을 뜻했다. 바퀴 테두리에 가죽을 대고 멋지게 윤을 내어 색까지 칠해서 부자인 고객에게 넘겨주려면 당장이라도 망치질과 톱질로 땀을 흘려야 한다는 뜻이다.

그러나 밴시어의 근육질 몸뚱이는 담에 앉아 일어날 줄을 몰랐다. 아무리 생각해도 해답을 찾을 수 없는 문제를 두고 끝없는 생각에 잠겨 있을 뿐이었다. 유프라테스강 유역을 뜨겁게 달구는 열대의 햇살까지도 그를 한없이 무기력하게 만들었다. 이마에 맺힌 땀방울들이 가슴에 떨어지면서 정글처럼 무성한 가슴 털 사이로 모습을 감추었다.

저 멀리에는 바빌론 궁전을 에워싼 성벽이 탑처럼 우뚝 솟아 있었고, 가까이에는 벨 신전이 까마득히 높이 치솟아 푸른 하늘을 둘로 나누고 있었다. 그 탑이 드리운 그림자 속에 밴시어의 초라한 집이 있었다. 또한 화려하진 않지만 깔끔하게 관리된 집들도 있었다. 바빌론은 그런 곳이었다. 장엄함과 누추함, 엄청난 부자와 끼니를 걱정하는 가난한 사람들이 도시 성벽 안에 뒤섞여 있었다.

그러나 조금만 자세히 들여다보면 부자와 가난한 사람은 확연히 차이가 난다. 요란하게 달리는 부자의 마차가 장사꾼과 거지를 길가로 밀쳐 낸다.

그러나 공중 정원*에 물을 대기 위해 염소 가죽으로 만든 물지게를 짊어진 노예들의 긴 행렬이 지나갈 때에는 부자들조차 길옆으로 물러서야 했다.

● 세계 제7대 불가사의 중 하나인 바빌론의 공중 정원은 각종 나무, 관목, 덩굴 식물들을 층층이 심은 계단식 정원으로 그 장대한 규모 때문에 진흙 벽돌로 이루어진 초록빛 산과 같이 보였다고 전해지고 있다.

밴시어는 자신의 문제를 너무 골똘히 생각하느라 도시의 왁자지껄한 소음조차 들을 수 없었다. 그때 귀에 익은 리라** 소리에 몽상에서 깨어났다. 자신과 가장 절친한 친구인 악사 코비가 미소를 머금은 채 서 있었다.

"신께서 자네에게 후한 축복을 내리시기를, 나의 친구여. 그런데 이렇게 한가로이 앉아 있는 모습을 보니 신께서 이미 자네에게 커다란 축복을 내린 모양이구먼. 자네가 받은 축복을 내게도 좀 나누어 주지 않으려나? 나라면 기꺼이 자네와 나눌 텐데. 분명히 자네의 지갑은 두툼할 걸세. 아니라면 저기 작업장에서 바쁘게 일하고 있어야 할 테니까 말일세. 자네의 두툼한 지갑에서 딱 2세켈만 꺼내서 빌려주면 안 되겠나? 오늘 밤에 귀족의 연회장에서 리라를 연주하기로 되어 있으니까 사례금을 받는 즉시 갚겠네."

벤시어가 침울한 목소리로 대답했다.

"내게 2세켈이 있다면 말일세. 설령 있더라도 내가 남에게 꾸어 줄 입장이 아니라네. 내 목숨보다 소중한 자네라도 말이야. 왜냐하면 그게 내 전 재산일 테니까. 전 재산을 빌려주는 사람은 없지 않은가? 아무리 친한 친구라도 말이야."

코비가 깜짝 놀라며 소리쳤다.

"지갑에 한 푼도 없으면서 손을 놓고 조각처럼 앉아 있다고! 왜 저

●● 수메르에서 기원한 고대 그리스의 현악기.

1장. 황금을 꿈꾼 사나이

수레를 완성하지 않는 건가? 자네답지 않구먼. 자네의 그 끝없는 에너지는 다 어디로 갔는가? 대체 무슨 걱정거리가 있나? 신께서 자네를 곤란하게 만드셨나?"

밴시어가 고개를 끄덕이며 대답했다.

"그래, 신에게 벌을 받은 거 같아. 모든 것이 다 덧없는 꿈 때문일세. 꿈속에서 나는 커다란 재산가였다네. 내 허리춤에는 동전으로 가득한 지갑이 매달려 있었지. 이를 보고 황금 전대라고 하는 사람도 있었다네. 거지들에게 마음껏 나눠 주어도 바닥이 보이지 않을 정도로 많은 동전이 있었네. 아내에게 좋은 옷을 사 줄 수 있었고, 내가 원하는 무슨 일이라도 할 수 있을 만큼의 은화도 있었네. 그렇게 은화를 써대도 미래의 행복을 확신할 수 있는 금화도 있었네. 꿈이었지만 그렇게 행복할 수가 없었네. 자네조차 나를 알아보지 못했지. 집사람을 알아보는 사람도 없었네. 하긴 행복에 겨워 주름살이 말끔하게 사라진 그 얼굴을 누가 알아볼 수 있었겠나? 그래, 집사람은 신혼 초의 아름다움을 되찾았으니까."

"기분 좋은 꿈이로구먼. 하지만 그렇게 멋진 꿈을 꾸고서도 시무룩한 동상처럼 얼굴을 찡그리고 있는 이유는 뭔가?"

밴시어는 한숨을 내쉬었다.

"꿈에서 깨어나서 내 지갑이 텅텅 비어 있다는 사실을 깨달았을 때 기분이 어땠겠나? 그건 마치 배신당한 기분이었다네. 자네나 나나 비슷한 처지이니까 솔직하게 말해 보겠네. 기억나는가? 젊을 적에 우리는 지혜를 배우겠다고 함께 제사장을 찾아가기도 했었지. 그 시절 우리 둘은 언제나 즐거움을 함께 나누었지. 이렇게 성인이 되어서도 우리 우정은 변하지 않았네. 자네와 나는 이런 생활에 만족하며 살았네. 오랜 시간을 힘겹게 일하면서 그렇게 번 돈을 마음껏 써 댔네. 그런데 말이야, 우리가 지난 세월 동안 꽤 많은 돈을 벌었지만 그 돈은 모두 어디로 갔나? 그렇다고 해서 우리가 돈이 주는 진정한 즐거움을 알았나? 지금도 여전히 그 즐거움을 꿈꾸고 있을 뿐이네. 대체 우리가 어리석은 짐승보다 나은 것이 무엇인가? 우리는 세상에서 가장 부유한 도시에서 살고 있네. 우리 주변에는 온갖 보물이 널려 있지만, 정작 우리 것은 하나도 없소. 인생의 절반을 죽어라고 일했지만 자네에게 남은 것이 무엇인가. 그저 텅 빈 지갑뿐이네. 그래서 자네도 오늘 저녁에 갚을 테니 2세켈을 빌려달라고 부탁하는 것이 아닌가?

내가 어떻게 대답해 주길 바라나? '그래 지갑을 통째로 가져가게. 자네에게 무엇인들 못 빌려주겠나.' 이렇게 대답해 주길 원했나? 하지만 내 지갑도 자네 지갑과 마찬가지야. 동전 한 푼도 없다네. 왜 우리는 배불리 먹고 멋지게 차려입고도 남을 만큼 많은 돈을 벌지 못하는 것일까? 우리 아들들도 우리와 똑같은 길을 걸으면 어떻게 하지? 그래서는 안 돼. 우리처럼 시큼한 양젖과 죽에 만족하면서 살아가도록 내버려 둘 수는 없어. 그 아이들이 황금에 둘러싸여 풍요로운 삶을 살아갈 수 있도록 해 줘야 해."

코비가 심각한 얼굴로 말했다.

"밴시어, 우리는 오랜 세월을 함께했지만 자네가 이렇게 말한 적은 단 한 번도 없었네."

"그랬지. 단 한 번도 이런 말을 해 본 적은 없었지. 새벽부터 어두컴컴한 밤이 될 때까지 그저 누구보다 멋진 수레를 만들겠다는 생각에 일에만 열중했으니까. 언젠가 신께서 내 노력을 인정해 주시고 막대한 제물을 주시기를 바라면서 말이네. 하지만 현실은 그렇지 않았네. 이제야 나는 깨달았네. 나는 결코 부자가 되지 못하리라는 사실을.

이런 내 심정이 어떻겠나? 나도 부자가 되고 싶네. 내 땅과 가축은 물론이고 좋은 옷과 두둑한 지갑을 가지고 싶네. 부자가 될 수 있다면 등이 휘도록 일할 각오가 되어 있네. 하지만 일한 만큼 정당한 보상을 받고 싶어. 우리는 도대체 뭐가 문제일까? 내 다시 한번 묻겠네! 세상에는 멋진 물건들이 널려 있는데, 돈만 있다면 얼마든지 그것들을 즐길 수 있는데, 왜 우리에게는 돈이 없는 것인가?"

코비가 대답했다.

"난 그 이유를 알고 있네. 적어도 그 점에서는 내가 자네보다 낫구먼. 내가 리라를 연주해서 번 돈은 물거품처럼 사라지네. 내 가족을 굶기지 않으려면 그 돈을 써야 하니까. 또 내게는 내 정신에서 솟아오르는 음악을 제대로 연주할 멋진 리라를 갖고 싶다는 간절한 꿈이 있네. 그런 악기만 있다면 나는 그 누구도 들어본 적 없는 멋진 연주를 해낼 수 있을 테니까."

"자네라면 그런 리라를 가질 자격이 충분히 있네. 바빌론을 통틀어 자네보다 리라를 잘 연주하는 사람은 아무도 없을 테니까. 그런 리라로 연주한다면 왕뿐만 아니라 신까지 기뻐할 걸세. 하지만 왕의 노예만큼이나 가난한 자네가 그런 리라를 어떻게 장만할 수 있겠나? 저 종소리를 들어 보게! 때마침 노예들이 지나가고 있네."

밴시어는 상의를 벗어젖힌 노예들이 힘겹게 물지게를 지고 좁은 길을 따라 올라오는 긴 행렬을 가리켰다. 다섯 사람이 나란히 물지게를 지고 있었지만 모두가 힘에 부친 듯이 허리를 잔뜩 굽히고 있었다.

코비는 종을 치며 행렬 앞에서 걷는 사람을 가리키며 말했다.

"저들을 이끄는 저 사람 좀 보게. 저 친구는 잘생겼구먼그래. 자기 고향에서는 꽤 유명했겠어."

"노예라고 다르겠는가? 다 우리같이 멀쩡한 사람이겠지. 북쪽에서 끌려온 키가 큰 금발, 남쪽에서 끌려온 웃고 있는 흑인, 근처 나라에서 끌려온 키 작은 갈색 피부의 사람들 모두가 멀쩡하게 생겼네. 하지만 그들은 하루하루 강에서 정원까지 물지게를 날라야 하는 노예일 뿐이야. 그들에게 무슨 행복을 기대하겠나? 온종일 무거운 물지게를 나른 뒤에는 지푸라기로 엮은 침대에서 잠을 자야 하고, 먹을 거라곤 오직 거친 죽뿐이라니. 아무런 꿈도 없는 그저 불쌍한 짐승일 뿐이야. 코비."

"불쌍하지, 불쌍하다마다. 우리는 저들에 비하면 얼마나 행복한가. 우리에게는 자유라는 것이 있지 않은가?"

밴시어는 슬픈 듯 대답했다.

"맞는 말이야, 코비. 하지만 자유란 단어를 들을 때마다 나는 한없이 서글퍼진다네. 우리는 노예가 아니야. 하지만 먹고 살기 위해 일하고 또 일하고…… 끝없이 일해야 하지 않는가? 우리에게 다른 것을 즐길 여유가 어디 있느냐 말이네."

그때 코비가 눈을 반짝이며 물었다.

"남들은 어떻게 돈을 벌까? 부자에게 방법을 물으면 안 될까?"

"분명히 어떤 비결이 있을 거야. 그 비결을 배울 수만 있다면."

밴시어가 답하자 코비가 흥분해서 소리쳤다.

"바로 오늘 자네에게 오던 길에 황금 마차를 타고 지나가던 옛 친구 아카드를 보았네. 물론 그 위치에 있는 많은 사람이 대개 그렇듯이 내 초라한 모습에 크게 관심을 두지 않았지만, 그래도 내게 손을 들어 인사하고 미소를 지어 보였네. 그 모습을 본 주변 사람들이 나를 보고 수군거렸다네."

밴시어가 생각에 잠겨 말했다.

"그는 바빌론에서 제일가는 부자라고들 하지."

"너무 부자여서 왕도 가끔 어려울 때마다 그의 도움을 청한다고 하지."

밴시어가 코비의 말을 막고 나섰다.

"그래. 엄청난 부자야. 그래서 두렵기도 하다네. 한밤중에 그를 만나게 된다면 내가 그의 두둑한 지갑에 손을 댈까 봐 두려운 걸세."

코비가 나무랐다.

"말도 안 되는 소리. 사람의 부는 허리춤에 찬 지갑에 있지 않네. 아무리 두둑한 지갑이라도 다시 채울 황금의 물줄기가 없다면 금세 비워지는 법이네. 아카드에게는 돈을 아무리 많이 써도 지갑을 계속 채워 주는 수입원이 있다고."

그때 밴시어가 뭔가를 깨달은 듯 외쳤다.

"수입원이라, 바로 그거야! 내게도 그런 수입원이 필요해. 담 위에 우두커니 앉아 있거나, 먼 곳으로 여행을 떠나도 지갑을 채워 줄 수 있는 수입원 말일세. 아카드라면 그런 수입원을 만들 방법을 알고 있을 거야. 나처럼 우둔한 사람도 이해할 수 있는 방법을 아카드라면 알고 있지 않을까?"

코비가 대답했다.

"어쩌면 그도 아들인 노마시어에게 그 방법을 가르쳐 주었을 걸세. 그가 지금 니네베에 거주하고 있다고 들었네. 아버지의 도움이 없었다면 노마시어가 어떻게 니네베에서 가장 부자가 될 수 있었겠나?"

밴시어가 눈빛을 반짝이며 말했다.

"코비, 고맙네. 자네가 날 살렸네. 훌륭한 친구를 찾아가 현명한 충고를 구하지 못할 이유가 어디 있겠나. 아카드는 언제나 좋은 친구가 아니었던가. 그는 우리에게 그 비결을 가르쳐 줄 걸세. 마치 1년 전에 사라진 새 둥지처럼 우리 지갑은 텅 비었지만 이제 걱정할 필요가 없네. 죽을 때까지 이렇게 살 수는 없지 않은가. 이 풍요로운 바빌론에서 가난하게 사는 것도 이제 지쳤네. 당장 아카드를 찾아가서 부자가 되는 비결을 물어보도록 하세."

"밴시어, 자네 말이 맞네. 자네 덕택에 나도 새로운 깨달음을 얻었네. 우리가 이처럼 가난하게 살 수밖에 없는 이유를 깨달았다네. 우리는 안정된 수입원을 찾지 않았던 거야. 그런 수입원을 찾고자 하는 생각조차 하지 않았지. 자네는 바빌론에서 가장 튼튼한 수레를 만들려고 최선을 다해 일해 왔네. 적어도 그런 점에서는 성공했다고 말할 수 있지. 나도 최고의 리라 연주자가 되려고 노력했고 그렇게 되는 데 성공했네. 적어도 우리는 노력을 기울인 분야에서 성공을 거두었네. 그것이 신의 뜻이라고 생각하고 만족하며 살았지. 하지만 마침내 떠오르는 태양에서 새로운 빛을 보았네. 이제 우리는 새롭게 깨달은 걸세. 부자가 되어 우리의 꿈을 이룰 방법을 찾을 수 있을 걸세."

밴시어가 재촉했다.

"오늘 당장 아카드를 찾아가세. 우리와 마찬가지로 힘겹게 살아가는 옛 친구들까지 불러서 아카드를 만나러 가세. 우리 모두 아카드의 지혜를 나눠 가지면 얼마나 좋겠나."

"밴시어, 자네는 언제나 친구들을 생각하는군. 정말로 감동일세. 그렇게 하세. 모두 불러 지금 당장 그 비법을 들으러 가세나."

바빌론 최고의 부호, 아카드

The Richest Man in Babylon

The Richest Man in Babylon

먼 옛날 바빌론에는 아카드라는 큰 자산가가 살고 있었다. 그가 엄청난 재산을 모았던 까닭에 그의 명성은 바빌론을 넘어 멀리까지 알려졌다. 그는 가족에게만이 아니라 어느 누구에게도 너그럽고 관대했으며 가난한 사람을 위해서 자신의 재산을 아낌없이 베푸는 사람이었다. 또한 자애롭고 넉넉하기로도 이름 높았다. 그런데도 그의 재산은 나날이 늘어만 갔다.

마침내 어린 시절 친구들이 아카드를 찾아 왔다.

"아카드, 자네는 우리보다 운이 좋았던 모양이네. 우리가 먹고 살기 위해 발버둥치고 있을 때 자네는 바빌론에서 가장 부유한 사람이 되었으니까. 우리는 그저 보기 흉하지 않을 정도의 옷을 가족에게 입히고, 굶지 않을 정도로 배를 채우지만 자네는 휘황찬란한 옷에 진귀한 음식을 즐기고 있으니 말이야. 예전에 우리는 모두가 똑같았네. 우리는 같은 스승 밑에서 공부했고 똑같은 운동을 하며 자랐네. 공부에서나 운동에서나 자네는 우리보다 뛰어나지 않았네. 그런데 지금은 너무도 달라졌네. 자네는 우리가 엄두조차 낼 수 없는 사람으로 변해 버렸네. 우리가 판단할 때 자네가 우리보다 열심히 그리고 성실하게 일한 것도 아니네. 그런데 운명의 여신은 어째서 자네를 선택했을까? 우리도 열심히 일하고 성실하게 생활했건만 어째서 운명의 여신은 자네에게만 엄청난 재산을 안겨 주었냐는 말일세."

친구들의 불평을 조용히 듣고 있던 아카드가 답했다.

"자네들 말이 맞네. 우리는 젊은 시절까지 똑같았지. 그런데 자네들이 근근이 사는 이유가 뭐냐고? 그것은 자네들이 재산을 모으는 법칙을 몰랐거나, 그 법칙을 따르지 않았기 때문일세. 운명의 여신은 누구에게도 영원한 재물을 허락하지 않는 심술궂은 신일세. 또한 땀 흘려 얻지 않은 황금을 가진 사람을 파멸시키는 심판자이기도 하지. 게다가 여신은 우리가 그 황금을 계획 없이 막 써 버리도록 만들기도 하네. 그런 이유로 우리는 힘들게 벌어들인 재산을 순식간에 날려 버리는 걸세. 아무런 보람도 없이 욕심에 사로잡혀 재산을 펑펑 낭비하고 결국에는 빈털터리가 되어 버리는 걸세. 반면에 정반대인 사람들도 있네. 지독한 구두쇠인 사람들. 그들의 궤짝에 들어간 돈은 좀처럼 나오는 법이 없네. 그들은 벌어들인 돈을 한 푼도 쓰지 않으려고 전전

궁금하네. 그들은 돈을 다시 버는 법을 모르기 때문에 그렇게 행동하는 것일세. 그런 수전노들은 늘 재산을 도둑맞을지도 모른다는 두려움 때문에 한 시도 편할 날이 없네. 그야말로 공허한 삶이 아니겠나. 황금을 쌓아 놓고 그렇게 불행하게 지내니 말일세. 하지만 전혀 다른 삶을 사는 사람들이 있다네. 땀 흘리지 않고 황금을 벌어들일 뿐 아니라, 나날이 더 많은 황금을 벌어들이면서도 세상 사람들의 존경을 받으며 행복하게 사는 사람들이라네. 물론 이런 사람들은 적은 수에 불과해 나도 소문으로만 알고 있을 뿐이라네. 하지만 갑자기 부를 물려받은 사람은 결코 이런 사람이 되지 못하네."

친구들은 아카드의 말에 고개를 끄덕이지 않을 수 없었다. 그래서 그들은 아카드에게 어떻게 그렇게 많은 부를 소유하게 되었는지 알려 달라고 간청했다. 아카드는 미소를 지으며 친구들에게 비밀을 하나둘 털어놓았다.

"젊었을 때 나는 주변을 둘러보면서 우리에게 행복과 만족을 안겨 주는 것들을 살펴보았네. 그리고 돈이 있어야 행복할 수 있다는 진리를 깨달았네.

돈이 바로 힘이었네. 돈만 있으면 어떤 것이든 가능하다네.

돈이 있어야 집 안을 멋진 가구로 장식할 수 있지 않을까?

돈이 있어야 먼 바다로 항해를 떠날 수 있지 않을까?

돈이 있어야 아름다운 장신구를 살 수 있고 번들거리는 대리석으로 집을 지을 수 있지 않을까?

돈이 있어야 신들을 위해 큰 신전을 지을 수 있지 않을까?

돈이 있어야 이런 모든 일을 할 수 있다네. 돈이 있어야 세상을 즐겁게 살면서 우리 영혼까지 만족시킬 수 있는 것이라네.

이러한 사실을 깨달았을 때 나는 결심했네. 내 몫의 황금을 갖기로 말일세. 다른 사람이 즐기는 모습을 멀찌감치 떨어져서 구경이나 하는 그런 사람은 되지 않겠다고 말이야. 그저 남부끄럽지 않을 정도의 싸구려 옷으로 만족해 버리는 사람이 되지 않겠다고 결심했네. 평생 가난한 사람과 뒹굴며 허무한 짓에나 만족하는 사람은 되지 않기로 결심했네. 어떤 연회에서나 환영받는 사람이 되어야겠다고 마음먹었네.

자네들도 알다시피 나는 보잘것없는 상인의 아들이었네. 재산을 물려받을 가망이 조금도 없는 가난한 장사꾼의 아들이었네. 그렇다고 특별한 지혜나 권력을 물려받은 것도 아니었지.

시간이라면 누구나 많이 갖고 있네. 자네들, 자네들 각각은 자신을 부유하게 만들 수 있는 충분한 시간을 지나가게 했네. 자네들이 인정하듯이 자네들은 화목한 가족 외에는 아무것도 내세울 것이 없네. 가족들은 당연히 자랑스러워할 수 있을 것이네만.

우리의 현명한 선생님은 배움에는 두 가지 종류가 있다는 사실을 가르쳐 주지 않았나? 한 가지는 우리가 배워서 아는 것이고, 다른 한 가지는 우리가 모르는 것을 찾아내는 방법을 가르쳐 주는 경험이라고 말일세.

그러므로 나는 어떻게 황금을 축적하는지를 알아내기로 결심했고, 그것을 알아냈을 때는 그것을 내 일로 삼고 잘해 냈네. 햇빛의 밝음 속에 있을 때 즐기는 것이 현명하지 않은가? 어두운 혼령의 세계로 떠날 때는 큰 슬픔이 닥쳐올 것이니 말일세.

나는 기록하는 일을 하는 곳에서 필경사가 되어 매일 긴 시간을 점토판에 글을 썼네. 몇 주가 가고 몇 달이 가도록 일했지만 나의 수입은 자랑할 것이 못되었네. 음식, 옷, 그리고 기억도 못할 다른 것들을 사느라 저축은 꿈에도 생각하지 못했네. 하지만 나는 내 결심을 잊지는 않았지.

그러던 어느 날 대부업자 알가미시가 기록하는 곳으로 와서 9번째 법의 필사본을 주문했다네. 그는 나에게 이렇게 말했지.

'이틀 만에 완성해야 해. 그때까지 일을 다 하면 동화 두 냥을 주지.'

그래서 나는 열심히 일했지만, '9번째 법'의 양이 너무나 많고 길었네. 알가미시가 돌아왔을 때 일은 덜 끝나 있었지. 그는 화를 냈네. 만약 내가 그의 노예였다면 그는 나를 때렸을 것이네. 하지만 나의 상사가 나를 상처 입히는 행위를 허락하지 않는다는 사실을 알고 있었으므로 나는 두렵지 않았네. 그래서 나는 그에게 말했네.

'알가미시, 당신은 매우 부자입니다. 나도 부자가 될 수 있는 방법을 알려 주십시오. 그러면 밤새 점토판을 파서 날이 새면 완성해 놓겠습니다.'

그는 미소를 지으며 대답했네.

'너는 당돌한 아이로구나. 하지만 이것을 거래라고 해두지.'

나는 밤새 글을 새겼네. 허리가 쑤시고 등잔불 냄새가 머리를 아프게 하고 눈은 거의 보이지 않을 때까지 일했네. 해가 떠오르고 그가 돌아왔을 때 점토판은 완성되어 있었네.

'이제 당신이 약속한 것을 말해 주세요.'

내가 말했다네.

'너는 우리 거래에서 네가 해야 할 일을 다 했구나, 얘야.'

그는 나에게 친절하게 말했네.

'나는 내가 해야 할 일을 할 준비가 되었다. 나는 늙은이가 되어 가고 있고 늙은이는 이야기하기를 좋아하지. 그러니 네가 알고 싶어 하는 것을 말해 주마. 젊은이가 나이 든 사람에게 조언을 구하러 오면 세월의 지혜를 얻어가지. 하지만 대부분의 젊은이들은 노인이란 지나간 시절의 지혜만 알기 때문에 이득이 없다고 생각한다네. 이것을 기억해라. 오늘 빛나는 태양은 너의 아버지가 태어날 때 빛나던 태양이고, 너의 마지막 손자가 죽음을 맞이할 때 빛날 태양이다.'

그는 계속해서 말했네.

'젊은이의 생각은 종종 하늘을 밝히는 유성처럼 빛나는 밝은 빛이지만, 늙은이의 지혜는 뱃사람이 의존하여 길을 찾을 수 있는 변하지 않고 빛나는 항성과 같다. 내 말을 잘 듣거라. 그렇지 않으면 너는 내가 말해 주는 진실을 이해 못 할 것이고 네가 밤새며 한 일이 헛되다고 생각할 것이다.'

그러고 나서 그는 숱이 많은 눈썹 아래로 나를 예리하게 보면서 낮고 단호하게 말했네.

'나는 "내가 번 모든 것 중 일부는 내 것으로 지키겠다"라고 결심했을 때 부자가 되는 길을 발견했단다. 너도 그럴 것이다.'

그는 계속 나를 뚫어질 듯이 바라보았지만, 그 이상은 아무 말도 하지 않았네.

'그게 다예요?'

나는 물었다네.

'그것은 양치기의 마음을 대부업자의 마음으로 바꿀 만큼 충분했단다.'

그가 대답했네.

'하지만 내가 번 돈은 모두 내 것 아닌가요?'

내가 묻자 그는 곧바로 대답했네.

'전혀. 너는 옷을 만드는 사람에게 돈을 지불하지 않느냐? 너는 신발 만드는 사람에게 돈을 지불하지 않느냐? 너는 네가 먹는 것들에 돈을 지불하지 않느냐? 너는 돈을 쓰지 않고 바빌론에서 살 수 있느냐? 너는 지난 달 소득 중에서 얼마를 자랑할 수 있느냐? 지난해 소득은? 어리석은 것! 너는 너 말고 모든 사람에게 돈을 지불해야 하느니라. 멍청한 젊은 친구야, 너는 다른 사람들을 위해 일하는 거야. 노예처럼 먹을 것과 입을 것을 주는 너의 주인을 위해 일하는 거지. 네가 번 것의 10분의 1을 너 자신을 위해 지켜 둔다면 10년 후에는 얼마를

가지고 있을 것 같으냐?'

숫자에 대한 나의 지식은 나를 저버리지 않았지. 그래서 나는 대답했네.

'1년에 벌 수 있을 만큼이요.'

그가 응수했다네.

'너는 절반만 알고 있구나 네가 저축하는 모든 금화는 너를 위해 일하는 노예다. 금화가 얻는 모든 동화는 금화의 자식이고, 이 자식들 역시 너를 위해 벌어 줄 수 있지. 네가 부유해지면 네가 저축한 것과 그것의 자식은 네가 바라는 풍요로움을 너에게 주도록 돕는 모든 것을 벌어야만 한다.'

그가 계속 말했네.

'너는 어쩌면 내가 너를 속여 밤새 일하게 했다고 생각할지도 모르겠구나. 하지만 내가 너에게 주는 진실을 이해할 지성을 지녔다면 나는 너에게 1,000배로 갚고 있는 것이다. 네가 버는 모든 것의 일부는 네 것으로 지켜야 한다. 아무리 적게 벌더라도 10분의 1보다 적어서는 안 된다. 할 수 있다면 더 많은 액수를 지켜라. 너 자신에게 먼저 지불해라. 나머지 돈으로 음식과 종교에 드는 비용을 충당하고 네가 지불할 수 있는 것 이상으로 옷이나 신발을 사지 말아라. 부는 나무와 마찬가지로 작은 씨앗에서부터 자란다. 네가 저축하는 첫 번째 동화가 네 부의 나무가 자라날 씨앗이 될 것이다. 그 씨앗을 빨리 심으면 심을수록 나무도 더 빨리 자라날 것이다. 그리고 꾸준한 저축으로 더

성실하게 가꾸고 물을 주면 줄수록 더 빨리 그 그늘에서 만족하게 될 것이다.'

그렇게 말하고 그는 점토판을 들고 가 버렸네.

나는 그가 말한 내용을 곰곰이 생각해 보았네. 그것은 그럴듯했네. 그래서 나는 한번 해 보기로 결심했지. 돈을 받을 때마다 10개의 동전 중 한 개씩을 따로 보관했네. 하지만 이상하게도 나는 이전보다 쪼들리지 않았네. 그 돈 없이도 살아가는 데 별다른 차이를 느끼지 못했네. 물론 돈이 모이기 시작할수록 종종 상인들이 보여 주는, 페니키아에서 낙타와 배로 실어온 좋은 물건들을 사고 싶은 유혹을 느꼈네. 그러나 나는 현명하게 자제했지.

알가미시는 떠난 지 1년 뒤에 돌아와 나에게 말했네.

'얘야, 지난 해 동안 네가 번 모든 것의 10분의 1만큼을 너 자신에게 지불했느냐?'

나는 자랑스럽게 대답했다네.

'예, 어르신. 그렇게 했습니다.'

그는 환하게 웃으며 말했네.

'잘했구나. 그럼 그것으로 무엇을 했느냐?'

'그것을 벽돌 만드는 아즈무르에게 줬습니다. 먼 바다를 여행해 티레*에 가서 페니키아의 진귀한 보석들을 사 주겠다고 했거든요. 그가

---

* 고대 페니키아의 항구 도시.

돌아오면 우리는 보석을 높은 값에 팔아 이득을 나눌 것입니다.'

그가 화를 내며 말했네.

'바보들은 왜 꼭 당해야만 깨달을 수 있는 걸까! 왜 벽돌공이 지닌 보석에 대한 지식을 믿느냐? 너는 별에 관해 묻기 위해 빵 굽는 사람에게 가겠느냐? 아니, 생각할 힘이 있다면 점성술사에게 가겠지. 너의 저축은 사라졌구나, 얘야. 너는 부의 나무를 뿌리째 뽑아 버렸구나. 다른 나무를 심어라. 새로 시작해라. 그리고 다음에 보석에 관한 조언을 얻고 싶거든 보석 상인에게로 가거라. 양에 관한 진실을 알고 싶거든 양치기에게로 가거라. 조언은 공짜로 제공되는 것이지만 받아들일 가치가 있는 것만 받아들이도록 조심해야 한다. 저축에 관한 조언을 저축에 경험이 없는 사람에게서 받아들이는 사람은 저축을 날려 버림으로써 조언이 잘못되었음을 증명한다.'

이렇게 말하고 그는 가 버렸네. 상황은 그의 말처럼 되었네. 페니키아 사람들은 아즈무르에게 보석처럼 보이는 아무 가치도 없는 유리 조각을 팔았던 것이네. 하지만 알가미시가 나에게 명한 대로 나는 다시 동화를 10분의 1씩 모았네. 이제 그렇게 하는 것이 습관이 되어서 더는 어렵지도 않았다네.

다시 1년이 지나고 알가미시는 필경사들의 방으로 와서 나에게 말했네.

'지난번 나를 본 이래로 얼마만큼의 진전이 있었느냐?'

'나는 나 자신에게 성실하게 지불하였습니다.' 내가 대답했지. '내

저축은 방패를 만드는 아가에게 맡겨서 청동을 사도록 했습니다. 그는 4개월마다 나에게 돈을 지불하지요.'

'그것 잘되었구나. 너는 그렇게 받은 돈을 어떻게 했느냐?'

'나는 꿀과 맛있는 포도주와 케이크로 만찬을 즐겼습니다. 진홍색 튜닉도 샀습니다. 언젠가는 어린 당나귀도 사서 타고 다닐 것입니다.'

이 말에 알가미시는 웃음을 터뜨렸다네.

'너는 저축의 자식들을 먹어 버렸구나. 그러니 어떻게 그것들이 너를 위해 일하기를 기대할 수 있겠느냐? 그것들이 다시 너를 위해 일할 자식들을 어떻게 낳을 수가 있겠느냐? 먼저 너를 위해 금화들의 노예를 한 무리 만들어라. 그러면 후회 없이 많은 만찬을 즐길 수 있을 것이다.'

이렇게 말하고 그는 다시 떠났다네.

그 뒤 2년 동안 나는 그를 보지 못했네. 2년이 지나 그는 다시 한번 돌아왔다네. 세월의 흔적은 그를 피해 가지 않았네. 그의 얼굴은 깊은 주름이 가득하고 눈은 처져 있었네. 그는 나이가 많이 들어 있었으니까 말일세. 그는 내게 말했네.

'아카드, 너는 네가 꿈꾸던 부를 성취하였느냐?'

나는 대답했다네.

'원하는 전부는 아니지만 일부는 성취했습니다. 그리고 그것이 더 많이 벌어들이고, 그것이 벌어들인 것이 또다시 더 많이 벌어들이고 있습니다.'

'너는 아직 벽돌공의 조언을 구하느냐?'

'벽돌 만드는 일에 관해서는 좋은 조언을 해 주겠지요.'

'아카드, 너는 교훈을 잘 배웠구나. 너는 첫째, 네가 버는 것보다 적은 돈으로 살아가는 법을 배웠다. 둘째, 경험을 통해 유능해진 사람들에게 조언을 구하는 법을 배웠다. 마지막으로 너는 황금이 너를 위해 일하도록 만드는 법을 배웠구나. 너는 너 자신에게 어떻게 돈을 얻는지, 어떻게 돈을 지키는지, 어떻게 돈을 사용하는지를 가르쳤구나. 그러므로 너는 책임감 있는 자리에 앉을 만하다. 나는 늙고 있다. 내 아들들은 돈을 쓰는 것만 생각하고 버는 것은 생각하지 않는구나. 내 재산이 내가 돌보기에는 너무 많은 것 같구나. 네가 니푸르로 가서 거기에 있는 내 땅을 돌본다면, 나는 너를 내 사업 파트너로 삼고 너와 내 재산을 나누겠다.'

나는 니푸르로 가서 그의 재산을 맡았다네. 그의 재산은 많았지. 나는 야망이 가득했고 부를 다루는 세 가지 법칙을 성공적으로 익혔기 때문에 그의 재산을 더 크게 늘릴 수 있었다네. 나는 번창했고, 알가미시가 죽었을 때 나는 그가 법적으로 처리해 놓은 대로 그의 재산을 나눠 가졌네."

이렇게 말하고 아카드가 이야기를 끝마쳤을 때 그의 친구 중 한 명이 말했다.

"알가미시가 자네를 상속자로 만들었으니 자네는 정말 운이 좋았군."

"그를 처음 만나기 전에 부자가 되고 싶다는 열망을 지녔다는 점에서만 행운이지. 4년 동안 벌어들인 것의 10분의 1을 지키면서 내 결심의 확고함을 증명하지 않았나? 수년 동안 물고기의 습성을 연구해서 바람이 바뀔 때마다 물고기가 있는 곳을 찾아 그물을 다르게 던질 수 있는 어부를 운이 좋았다고 말할 수 있겠는가? 기회는 준비되지 않은 사람에게는 낭비하지 않는 도도한 여신이라네."

"자네는 첫해의 저축을 잃어버리고 난 뒤에도 계속 저축을 한 강한 의지력을 가지고 있었어. 그 점에서는 특별하네."

다른 친구가 말했다.

"의지력이라!"

아카드가 응수한 뒤 이어 말했다.

"말도 안 되는 소리. 자네는 의지력이 낙타가 지지 못하는 짐을 들어 올릴 힘을 주거나 황소가 끌지 못하는 짐을 끌 수 있는 힘을 준다고 생각하는가? 의지력은 스스로가 완성하기로 정한 임무를 수행해 내려는 굳건한 목적의식일 뿐이네. 내가 나 스스로에게 어떤 임무를 부과하면 그것이 아무리 하찮은 일일지라도 나는 그것을 완수할 것이네. 그렇지 못하다면 어떻게 중요한 일을 할 자신감이 생기겠는가?

스스로 '100일 동안 도시로 들어가는 다리를 건널 때마다 길에서 돌을 하나씩 주워 시냇물에 던지겠다' 하고 말한다면, 나는 그렇게 할 것이네. 일곱째 날 그것을 기억하지 못하고 지나쳤다면 나는 '내일 돌 두 개를 던질 것이다, 그러면 똑같을 테니까' 하고 말하지 않을 것이네. 다시 되돌아가서 돌을 던질 것이네. 스무째 날 이렇게 말하지도 않을 것이네. '아카드, 이것은 소용없어. 매일 돌을 던진다고 무슨 소용이 있겠어? 그냥 한 주먹 던져 버리고 끝내.' 그렇게 말하지도 그렇게 행하지도 않을 것이네. 내가 스스로에게 어떤 임무를 부과하면 나는 그것을 완수할 것이네. 그러므로 나는 어렵고 실용적이지 않은 임무는 시작하지 않도록 조심할 것이네. 나는 한가한 여가 시간을 좋아하니까 말이야."

또 다른 친구가 말하고 나섰다.

"자네가 말한 것이 그럴듯한데, 자네 말이 맞는다면 말이야. 그러면 간단히 말해 모든 사람이 그렇게 한다면, 모든 사람에게 돌아갈 충분한 황금이 없지 않겠는가?"

아카드가 대답했다.

"황금은 사람이 힘을 쓰는 곳에서는 어디서나 자라나네. 부자가 새 궁전을 하나 짓는다면 그가 거기에 들인 황금이 사라질까? 아닐세. 벽돌공이 그 일부를 갖고 인부들이 그 일부를 갖고, 미술가들이 그 일부를 가지네. 궁전을 짓기 위해 일한 모든 사람이 그 일부를 가지네. 궁전이 완성되면 거기에 든 비용만 한 가치가 없는가? 궁전이 서 있는 땅은 궁전이 있어서 가치가 더 높지 않은가? 궁전에 접한 땅은 궁전이 있기 때문에 가치가 더 높지 않은가?

황금은 신비한 방법으로 자라나네. 아무도 그 한계를 예측하지 못하네. 페니키아인들은 바다에서 장사하는 배들로부터 생긴 부를 갖고 척박한 해안에 훌륭한 도시들을 짓지 않았나?"

다른 친구가 물었다.

"그러면 우리에게 어떤 조언을 해 주겠나? 우리도 부자가 되려면 말일세. 세월은 흘러서 우리도 더는 젊은이가 아닌데 우리는 따로 모아 둔 것이 없네."

"알가미시의 지혜를 따라 자네들 스스로에게 '내가 번 모든 것의 일부는 내 것으로 지키겠다'라고 말하라고 조언하겠네. 아침에 일어나면 그렇게 말하게. 정오에 그렇게 말하게. 밤에 그렇게 말하게. 매일 매시간마다 그렇게 말하게. 그 말이 하늘의 불처럼 똑똑하게 새겨질 때까지 그렇게 스스로에게 말하게.

그 말을 마음에 새기게. 그 생각을 머릿속에 가득 채우게. 그러고 나서 현명하다고 생각되는 만큼 일부를 떼어 두게. 10분의 1보다 작지 않게 떼어 저축해 두게. 이를 위해 필요하다면 다른 경비를 조정하게. 하지만 먼저 그 일부를 따로 떼어 두게. 곧 자기만의 보물을 소유한다는 것이 얼마나 부자가 된 기분인지를 알게 될 것이네. 보물이 점점 커지면서 자네들을 자극할 것이네. 인생의 새로운 즐거움이 자네들을 흥분시킬 것이네. 자네들은 더 많이 벌기 위해 더 많이 노력할 것이네. 늘어난 수입에 대해서도 똑같은 비율로 저축하겠다고 생각하지는 않겠지?

그러고 나서 자네들의 보물이 자네들을 위해 일하게 만드는 법을 배우게. 그것을 자네들의 노예로 만들게. 그것의 자식들과 그 자식들의 자식들이 자네들을 위해 일하게 만들게.

자네들의 미래를 위한 수입을 확보해 두게. 늙은이를 보면 앞으로 자네들 또한 그들에게 속할 것임을 잊지 말게. 신경 써서 자네들의 보물을 투자하여 그것을 잃지 않도록 하게. 지나친 고리를 약속하는 사람들의 유혹에 넘어가지 말게. 그런 사람은 십중팔구 사기꾼이니까.

자네들이 저 세상으로 갈 때는 가족들이 돈이 부족하도록 만들지 말게. 가족을 보호하도록 정기적으로 적은 액수를 저축하여 준비해야만 하네. 미래를 준비하는 자는 현명한 목적을 위해 무작정 큰돈을 기다리며 가만히 있지는 않는다네.

현명한 사람과 의논하게. 일상의 일이 황금을 만지는 일인 사람의 조언을 구하게. 그들의 도움을 받아 내가 벽돌공 아즈무르의 판단에 돈을 맡긴 것 같은 실수를 하지 말게. 작지만 안전한 수익이 리스크보다 훨씬 바람직하다네.

하지만 여기 있을 때 삶을 즐기게. 오직 황금만을 생각하고 황금만을 위해 모든 것을 희생하지는 말게. 지나치게 억지로 많이 저축하려고 애쓰지 말게. 자네들이 버는 것의 10분의 1이 부담 없이 지킬 수 있는 것이라면, 그 양에 만족하게. 수입에 따라 살고 인색하거나 돈 쓰기를 두려워하지 말게. 인생은 좋은 것이고, 인생은 가치 있고 즐길 거리로 가득하다네."

그의 친구들은 그에게 고맙다고 말하고 떠나갔다. 그중 일부는 상상력이 없고 이해를 하지 못해서 조용했다. 일부는 그렇게 부유한 사람은 그리 운이 좋지 못한 옛 친구와 부를 나누어야 한다고 생각하며 빈정댔다. 하지만 일부는 눈에 새로운 빛이 반짝였다. 그들은 알가미시가 어두움에서 빛으로 걸어가는 한 사람을 지켜보았기 때문에 필경사의 방으로 매번 다시 찾아왔다는 사실을 알았다. 아카드의 행실에서 밝은 빛을 찾아 가난의 어둠을 벗어나겠다는 굳은 의지를 읽었기 때문이다.

그랬다. 기회는 아무에게나 오는 것이 아니었다. 그것은 행운이 아니었다. 기회는 준비된 사람에게 오는 신의 선물이었다.

이렇게 생각한 친구들은 그 이후에도 기회가 닿을 때마다 아카드를 찾아 조언을 구했다. 아카드는 그들을 반갑게 맞으며 조언을 아끼지 않았다. 알가미시가 그에게 가르쳐 준 지혜와 그가 살면서 터득한 지혜를 아낌없이 친구들에게 나누어 주었다. 또한 아카드는 친구들이 모은 돈을 안전한 곳에 투자하도록 도와주었다. 그 덕분에 그들은 힘겹게 모은 돈을 잃지 않았고, 배당금을 나누어 주지 못하는 곳에 돈을 묵히지 않을 수 있었다.

알가미시가 아카드에게, 아카드가 친구들에게 전해 준 진리를 깨달았던 그날이 친구들에게는 가난을 털고 일어나 부자의 길로 들어선 전환점이었다.

"자신이 번 것 중 일부는 반드시 자신의 것으로 지켜야 한다."

3장

얄팍한 지갑에서 벗어나기 위한 7가지 지혜

Seven Cures for a Lean Purse

The Richest Man in Babylon

바빌론의 번영은 계속되고 있다. 수세기를 거쳐 오면서도 바빌론은 굉장한 보물을 지닌 부유한 국가로서 명성을 지키고 있다. 하지만 바빌론이 언제나 그랬던 것은 아니다. 바빌론의 부는 바빌론 사람들의 지혜가 만들어 낸 결과다. 국민들은 먼저 어떻게 하면 스스로가 부유해질 수 있는지를 배워야만 했다.

사르곤 왕은 엘람인들과 벌인 치열한 전쟁에서 승리하고 바빌론에 돌아오자마자 심각한 문제에 봉착하게 되었다. 총리가 국가 재무가 심각한 지경에 몰리게 된 이유를 설명했다.

"전하께서 대규모 관개 수로를 마련하시고 웅장한 신전들을 지으셔서 수년 동안 큰 번영을 누렸으나 지금은 이런 공사가 끝이 나서 국민들이 자신들의 생활을 윤택하게 할 직업과 수입을 찾기가 점점 어려워지고 있습니다. 노동자는 일이 없고 상인은 고객이 너무 적고 농부는 농산물을 팔 수 없고 사람들은 음식을 살 돈이 모자랍니다."

"엄청난 토목과 건설 사업에 들어간 돈들은 다 어디로 갔단 말이오?"

왕이 묻자 총리가 대답했다.

"돈은 우리 도시의 몇몇 부자들의 소유로 들어간 듯합니다. 염소의 젖이 여과기로 빨려들듯 돈의 흐름이 멈추었으니 국민 대부분이 수입이라고 내놓을 것이 없습니다."

왕은 잠시 동안 생각에 잠기더니 물었다.

"왜 소수의 사람들만 그 모든 돈을 차지하는 것이오?"

"그들만이 방법을 알기 때문이지요. 방법을 알기 때문에 성공한 사람을 탓할 수는 없지요. 정의를 실현한다고 정당하게 번 것을 빼앗아 능력이 모자란 사람들에게 줄 수도 없는 노릇입니다. 그것은 또 다른 부정의이니까요."

왕이 다시 물었다.

"하지만 왜 모든 국민이 황금을 모으는 법을 배워 부유하게 되지 못하느냐는 말이오."

"가능하긴 합니다만 전하, 누가 그들을 가르치겠습니까? 사제들은 분명히 아닙니다. 그들은 돈을 버는 데 대해서는 아무것도 모르니까요."

"우리 바빌론에서 누가 부자가 되는 방법을 가장 잘 알고 있는가,

총리?"

왕이 물었다.

"그 질문은 곧 바빌론에서 가장 많이 황금을 번 사람이 누구인가를 뜻하는군요."

"그렇군, 총리. 말할 필요도 없이 그건 아카드지. 그가 바빌론에서 가장 부유한 사람이니까. 내일 그를 내 앞에 데려오도록 하게."

다음 날 왕이 명한 대로 아카드가 그의 앞에 나타났다. 일흔이 넘은 나이임에도 불구하고 놀라울 만큼 정정한 모습이었다.

"아카드, 그대가 바빌론에서 가장 부유한 사람 맞는가?"

왕이 말했다.

"그렇다고들 합니다, 전하. 쑥스럽습니다만 누구도 거기에 이의를 제기하지는 않습니다."

"그대는 어떻게 그렇게 부자가 되었나?"

"우리 훌륭한 바빌론의 모든 사람에게 주어지는 기회를 이용해서 입니다."

"그대는 아무것도 갖지 않은 채 시작했는가?"

"부를 향한 커다란 열망만 있었을 뿐, 그 외에는 아무것도 없었습니다."

왕이 말했다.

"아카드."

왕이 잠시 뜸을 들이다 계속 말했다.

"우리 바빌론은 매우 난처한 상태네. 소수의 사람만이 부를 획득하는 방법을 알아서 그것을 독점하는 반면 국민 대다수는 그들이 버는 돈 가운데 조금이라도 지키고 모을 줄 모르기 때문이네.

나는 바빌로니아가 세상에서 가장 부유한 나라이기를 바라네. 그렇게 되려면 부자들이 많은 나라여야 하지. 그래서 우리는 모든 국민에게 부를 획득하는 방법을 가르쳐야만 하네. 말해 보게, 아카드. 부를 획득하는 어떤 비결이라도 있는가? 그것을 가르칠 수 있겠나?"

"송구스럽습니다만 실제로 돈을 벌었고, 또 돈 버는 방법을 구체적으로 아는 사람만이 다른 사람에게 가르칠 수 있을 것입니다, 전하."

왕의 눈이 빛났다.

"아카드, 그대는 내가 듣고 싶은 말을 하는구나. 그대는 이 목적을 위해 힘쓰겠는가? 그대의 지식을 똑똑하고 유능한 선생들에게 가르치겠는가? 그러면 그들이 다시 많은 사람을 가르치고 이 사람들이 결국 모든 바빌론과 바빌로니아 사람들에게 퍼뜨릴 것이네."

아카드가 머리를 숙이면서 말했다.

"저는 전하의 명령을 따르는 하인입니다. 국민의 생활 향상과 왕의 영광을 위해 제가 지닌 지식을 기꺼이 나누겠습니다. 총리로 하여금 100명을 모아 한 학급으로 만들게 하면 제가 그들에게 제 지갑을 살찌게 한 일곱 가지 치유책을 가르치겠습니다."

2주 뒤, 총리는 왕의 명령에 따라 100명의 교사들을 학생으로 선발하여 배움의 전당에 모아 반원형으로 놓인 둥근 의자에 앉혀 놓았다.

아카드는 신비하고 기분 좋은 냄새를 풍기며 타는 신성한 램프가 놓인 탁자 옆에 앉았다.

"바빌론 최고의 부자를 보게."

아카드가 일어서자 한 학생이 옆에 있는 사람을 슬쩍 찌르면서 속삭였다.

"그도 우리와 똑같은 사람이야."

아카드가 입을 열었다.

"왕의 충실한 백성으로서 나는 여러분 앞에 섰습니다. 한때 나는 여러분처럼 황금을 열망한 가난한 젊은이였지만 황금을 얻는 지식을 발견했기 때문에 왕은 나의 지식을 여러분과 나누라고 요청했습니다.

나는 아주 보잘 것 없이 시작했습니다. 바빌론의 여느 시민보다 나을 것이 없었습니다. 낡아빠진 지갑이 내게 가장 소중한 보물창고였습니다. 언제나 텅 비어 있는 지갑이 지긋지긋하게 싫었습니다. 그 얄팍한 지갑을 두툼하게 만들 수 있다면 어떤 일이라도 하겠다고 결심했습니다. 그리고 7가지 방법을 찾았습니다.

이 자리에 모인 여러분에게 나는 그 7가지 비결을 설명하려 합니다. 앞으로 7일 동안 하루에 하나씩 여러분을 가난에서 벗어나게 할 치유책을 설명 드리려 합니다.

내가 전하는 지식에 귀를 기울여 주십시오. 나에게 묻고 서로 이야기하십시오. 내가 여러분과 나눌 교훈을 철저하게 배워서 여러분들 자신의 지갑에 부의 씨앗을 심으십시오. 먼저 여러분 각자가 현명하게 자신의 재산을 쌓아야만 합니다. 그런 뒤에야 이 지혜를 다른 사람들과 나눌 자격이 생길 것입니다.

　나는 여러분들의 지갑을 살찌우는 방법을 쉽게 설명할 것입니다. 이것은 부의 전당으로 가는 첫걸음입니다. 확고하게 첫걸음을 내딛지 못한 사람은 결코 부의 전당에 다다르지 못할 것입니다.

　이제 첫 번째 지혜를 알아봅시다."

첫 번째 지혜 : 버는 것보다 적게 써라

　아카드는 두 번째 줄에 심각한 표정으로 앉아 있는 사람에게 말했다.

　"이보시오. 당신은 어떤 일을 하시오?"

　"나는 필경사입니다. 점토판에 기록을 새기지요."

　그 사내가 대답했다.

　"나도 그런 일을 하면서 돈을 벌었소. 그러니까 당신도 나처럼 재산을 불릴 가능성을 지닌 사람이오."

　이번에는 훨씬 뒤쪽에 앉은 혈색 좋은 사내를 가리키며 아카드가 물었다.

　"당신은 무엇으로 생계를 버는지 말해 주겠소?"

　이 사내가 대답했다.

　"나는 도축업자입니다. 농부들이 기른 염소들을 사서 도축한 다음에 주부들에게 팔고 가죽은 신발 만드는 사람에게 팔지요."

"당신 역시 일해서 돈을 버니 내가 성취한 성공을 이룰 모든 유리한 점을 갖고 있소."

아카드는 모두에게 어떻게 돈을 버느냐고 묻고는 각각의 대답을 들은 뒤 이렇게 말했다.

"이제 여러분은 돈을 벌어들이는 많은 직업이 있음을 알 것이오. 각각이 노동자의 지갑으로 그 일부가 흘러들어가는 황금의 물줄기를 만들어 내오. 그러므로 능력에 따라 당신들 각자의 지갑으로 많고 적은 돈이 흘러드는 것이오. 그렇지 않소?"

아카드의 질문에 모두 동의했다.

"여러분이 재산을 모으고 싶다면, 이미 확립해 놓은 부의 원천을 이용하는 것이 현명하지 않겠소?"

아카드가 말하자 이번에도 모두가 고개를 끄덕였다. 그러자 아카드는 달걀 상인에게 눈길을 던지며 물었다.

"당신이 바구니 하나를 골라서 거기에 매일 아침 10개의 달걀을 넣고 저녁에 9개의 달걀을 꺼낸다면 어떤 일이 일어날 것 같소?"

"시간이 지나면 바구니가 넘칠 것입니다."

"왜 그렇소?"

"그거야 매일 달걀이 하나씩 늘어나니까요."

아카드는 미소를 띠고 학급을 둘러보았다.

"여기 지갑이 얇은 사람이 있소?"

그들은 재미있다는 표정을 지으며 자신들의 지갑을 흔들어 보였다.

"좋소. 이제 나는 여러분에게 내가 배운 얇은 지갑을 살찌우는 첫 번째 치유책을 말하겠소. 내가 달걀 장수에게 말한 대로 똑같이 하시오. '여러분들이 동전 10개를 새로이 지갑에 넣을 때마다 그 지갑에서는 동전 9개만 꺼내서 쓰시오. 당신의 지갑은 곧 두툼해지기 시작할 것이고 지갑이 안겨 주는 그 묵직한 느낌이 당신의 영혼에 만족감을 불러올 것이오.'

내가 한 말이 간단하다고 비웃지 마시오. 진실은 언제나 단순한 법이오. 나는 여러분에게 내가 재산을 모은 방법을 말해 주겠다고 했소. 이것이 나의 시작이었소. 나 역시 얇은 지갑을 가지고 다니며 그 안에 내 욕구를 만족시킬 것이 아무것도 없다고 저주했소. 하지만 집어넣는 10 중 9만 꺼내기 시작했을 때 지갑은 두꺼워지기 시작했소. 이제 여러분들 지갑도 그럴 것이오.

이제 신기한 진실 하나를 말해 주겠소. 그 이유는 나도 모르지만 소득의 10분의 9로 살았지만 나는 이전과 같이 생활할 수 있었고 전보다 궁핍하지도 않았소. 또한 얼마 지나지 않아 이전보다 더 쉽게 돈을 벌기 시작했소. 어쩌면 신의 법칙일지도 모르겠소. 수입의 일정 부분을 쓰지 않고 저축하는 사람에게는 돈도 쉽게 벌리는 법이오. 마찬가지로 황금은 지갑이 빈 사람은 피하는 법이라오.

당신들은 어느 쪽을 원하시오? 매일의 욕구를 채우는 보석, 더 나은 옷, 더 많은 음식, 즉 곧 사라지고 잊히는 것이오? 아니면 실속 있는 재산, 황금, 땅, 가축, 수입을 가져오는 투자요? 당신이 지갑에서 꺼내는 동전은 전자를 가져오고, 지갑 안에 남겨 두는 동전은 후자를 불러올 것이오.

얄팍한 지갑에서 벗어나는 첫 번째 비결은 '집어넣는 10개의 동전 중 9개만 쓰는 것'이오. 이에 대해 여러분끼리 이야기해 보시오. 그것이 진실이 아님을 증명할 수 있다면 내일 우리가 다시 만날 때 말해 주시오."

두 번째 지혜 : 지출을 관리하라

둘째 날 수업 시간에 어떤 학생이 손을 들고 물었다.

"벌어들이는 모든 돈이 필요한 경비보다 충분하지 않을 때는 어떻게 소득의 10분의 1을 지갑에 남겨둘 수 있습니까?"

아카드는 대답했다.

"어제 여러분의 지갑은 어땠습니까?"

"모두 빈 지갑이었습니다."

"그랬군요. 이제 이런 생각을 해 봅시다. 여러분은 모두 똑같이 벌지 않소. 어떤 사람은 다른 사람보다 훨씬 많이 벌지. 어떤 사람은 부양할 가족이 많기도 하고. 하지만 모든 지갑이 똑같이 얄팍했소. 이제 여러분에게 특별한 진실을 말해 주겠소. 우리가 '불가피한 지출'이라고 생각하는 것들이 있소. 우리가 욕망을 억제하지 않으면 그 불가피한 지출은 수입에 따라 증가한단 말이오.

불가피한 지출을 여러분 욕구와 혼동하지 마시오. 여러분 각자, 그리고 여러분의 가족들은 여러분의 소득이 만족시킬 수 있는 것보다 더 많은 욕구를 갖고 있소. 그러므로 여러분의 소득은 할 수 있는 데까지 이러한 욕구를 만족시키기 위해 소비될 거요. 그렇게 하고도 만족시키지 못한 욕구들이 많이 남을 것이오.

우리는 사람이기에 만족시킬 수 있는 것보다 더 많은 욕구를 지니고 있소. 여러분은 내가 부자이기 때문에 모든 욕구를 다 충족시킬 거라고 생각하시오? 그것은 틀린 생각이오. 내 시간에는 한계가 있고, 내 힘에도 한계가 있고, 내가 갈 수 있는 거리에도 한계가 있소. 내가 먹을 수 있는 양에도 한계가 있고, 내가 즐길 수 있는 열정에도 한계가 있소.

농부가 남겨 놓은 공간이라면 어디에나 뿌리를 내리고 자라는 들판의 풀과 같이, 만족시킬 가능성이 있는 곳에는 어디서나 사람의 욕구가 자라난다고 나는 말해 주겠소. 욕구는 넘치도록 많으나 욕구를 만족시킬 수 있는 돈은 언제나 부족할 뿐이오.

여러분이 익숙해진 삶의 습관을 자세히 살펴보시오. 여기에는 현명하게 줄이거나 없앨 수 있는 지출이 발견되는 예가 있을 것이오. 여러분의 생활 규칙을 '돈을 쓸 때는 그 가치를 알고 사용하라'로 정하시오.

여러분이 쓰고 싶은 것들을 모두 점토판에 새기시오. 그런 뒤 필요한 것들과 소득의 10분의 9로 사용 가능한 경비를 고르시오. 나머지는 줄을 그어 버리고, 만족시킬 필요가 없는 욕구의 일부일 뿐이라고 여기시오.

그러곤 필요한 경비들로 예산을 짜시오. 당신의 지갑을 살찌우는 10분의 1은 건드리지 마시오. 여러분이 반드시 충족시켜야 할 욕망이 있다면 바로 이것이오. 예산을 짜고 조정하시오. 예산을 당신의 살찌고 있는 지갑을 지키는 첫 번째 협력자로 삼으시오."

그러자 화려한 옷을 입은 한 학생이 일어나 말했다.

"나는 자유로운 사람입니다. 인생의 좋은 것들을 즐기는 행위는 나의 권리라고 믿습니다. 그러므로 나는 얼마를 어디에 써야 하는지를 결정하는 '예산 짜기'의 노예가 되는 것에 반대합니다. 나는 그것이 내 인생의 많은 즐거움들을 빼앗아가고 나를 짐 진 당나귀나 다름없이 만든다고 생각합니다."

아카드가 그에게 대답했다.

"젊은 친구, 당신의 예산은 누가 짜는가?"

"제가 직접 짭니다."

이의를 제기한 학생이 대답했다.

"만약 사막을 횡단하는 당나귀가 스스로 짐을 꾸린다면 보석, 카펫, 무거운 금덩이를 먼저 생각하겠소, 아니면 먹을 것과 물을 먼저 챙기겠소?

예산의 목적은 당신의 지갑을 살찌우는 데 있소. 예산은 당신을 도와 당신이 필요한 것들을 가지게 하고, 가능한 한도 내에서 다른 욕구를 만족시키게 할 것이오. 예산은 사소한 바람들을 물리침으로써 당신이 가장 소중히 여기는 욕구를 실현시키도록 해 줄 것이오. 어두운 동굴 속의 밝은 빛처럼 당신의 예산은 지갑에서 돈이 새는 곳을 보여 주고 그것을 막게 하고, 만족을 주는 목적을 위해 경비들을 통제할 수 있게 해 줄 것이오.

이것이 얇은 지갑을 살찌우는 두 번째 지혜요. '예산을 짜서 소득의 10분의 9 이상을 쓰지 않고 필요한 것을 사고 즐기고 가치 있는 욕구들을 만족시키시오.'"

세 번째 지혜 : 당신의 황금을 증식시켜라

"이 강의를 시작한지 오늘로 벌써 사흘이 되었소. 여러분의 지갑이 약간은 두툼해졌습니까? 나는 여러분에게 벌어들인 모든 것 중 10분의 1을 반드시 저축하라고 말했습니다. 그리고 점점 늘어나는 돈을 안전하게 지키기 위해 지출을 관리하라고 말했습니다. 다음으로 우리는 보물이 늘어나도록 만들 방법을 생각해 볼 것이오.

지갑 안의 황금은 만족감을 주고 구두쇠의 영혼을 즐겁게 해 주지만 아무것도 벌어들이지 못하오. 우리의 소득에서 남긴 황금은 그저 시작에 불과할 뿐이오. 그것이 벌어들인 소득으로 우리는 재산을 키워 갈 것이오."

아카드는 셋째 날 강의를 이렇게 시작했다.

"그러면 어떻게 황금이 일하도록 만들 수 있을까? 내 첫 투자는 운이 없었소. 모두 잃어버렸으니까. 그 이야기는 나중에 하겠소. 나는 아가르라는 방패 상인에게 돈을 꾸어 주고 첫 수익을 올릴 수 있었소. 그는 매년 한 번씩 바다를 건너온 청동을 샀소. 상인에게 지불할 돈이 부족했던 그는 여윳돈이 있는 사람들에게서 돈을 빌렸소. 그는 정직한 사람이었소. 방패를 팔아 자신이 빌린 돈을 갚았을 뿐만 아니라 많은 이자도 줬다오.

그에게 돈을 빌려줄 때마다 나는 그가 나에게 지불한 이자를 다시 빌려주었소. 그로써 내 자본이 늘어났을 뿐만 아니라 자본이 벌어들이는 이자 또한 늘었소. 이 돈들이 나의 지갑으로 들어올 때는 정말 만족스러웠소.

여러분 사람의 부는 그의 지갑에 든 돈이 아니오. 그가 모으는 수입, 그의 지갑으로 끊임없이 흘러들어가 지갑을 언제나 두둑하게 유지하는 황금의 물줄기가 바로 부요. 그것이 모두가 원하는 바요. 여러분도 예외는 아닐 것이오.

나는 지금까지 많은 수입원을 획득했소. 그 수입원이 하루에도 엄청난 돈을 벌어들이고 있기 때문에 사람들이 나를 큰 부자라고 부르는 것이오. 아가르에게 빌려주었던 돈은 수익성 있는 투자에 관한 내 첫 번째 훈련이었소. 이 경험에서 지혜를 얻어 나는 내 자본이 늘어나는 동안 돈을 빌려주고 투자를 했소. 처음에는 소수의 원천에서, 나중에는 많은 원천에서 내 지갑으로 부의 황금 물줄기가 흘러들었고, 나는 그것을 현명하게 사용했소.

처음에는 정말 적은 돈으로 시작했소. 얼마라고 말하기에도 부끄러울 정도라오. 하지만 돈이 돈을 벌어 주었소. 그렇게 벌어들인 돈이 다시 돈을 벌어 주었다오. 이렇게 어느 정도까지 모이면 그때부터는 눈덩이처럼 불어나는 것이 바로 돈이라오.

재미있는 이야기를 하나 해 볼까요?

한 농부가 첫 아들이 태어났을 때 은화 10개를 가지고 대부업자에게 맡기며, 아들이 20세가 될 때까지 적절한 이자를 붙여 그 돈을 투자해 달라고 부탁했소. 대부업자는 농부의 청을 기꺼이 받아들이며 4년마다 원금의 4분의 1로 이자를 주겠다고 했소. 농부는 이 돈이 아들을 위해 떼어 둔 돈이므로 이자를 원금에 합쳐 달라고 요청했고, 대부업자는 이 청을 받아들였소.

아들이 20세 되던 해 농부는 대부업자에게 가서 은화에 대해 물어보았소. 대부업자는 이자가 복리로 붙어 은화 10개가 31.5개가 되었다고 대답했소. 농부는 기뻐했지만 아들에게 아직 그 돈이 필요하지 않았으므로 돈을 대부업자에게 계속 맡겨 두었소.

아들이 50세가 되었을 때 농부가 세상을 떠나자 대부업자는 아들에게 은화 167냥을 정산해 주었소. 50년 동안 이자에 이자가 붙어서 거의 17배의 수익을 올린 것이오.

이것이 얇은 지갑을 위한 세 번째 지혜요. 들판에서 풀을 뜯는 가축이 새끼를 낳듯이 '돈으로 돈을 낳으시오. 당신 지갑으로 끊임없이 흐를 부의 물줄기를 가져오도록 하시오.'"

네 번째 지혜 : 손실로부터 보물을 지켜라

아카드는 넷째 날 강의를 시작했다.

"불행은 빛나는 표적을 좋아하오. 지갑 속의 황금은 굳건하게 지키지 않으면 잃어버리고 마오. 그러므로 우리는 먼저 적은 금액을 안전하게 지키고 그것을 보호하는 법을 배워야만 하오. 신이 더 많은 금액을 맡기기 전에 말이오. 황금을 가진 사람은 유혹을 받기 마련이오. 그럴듯한 감언이설로 여러분에게 커다란 이익을 보장해 주겠다고 사람들이 찾아오게 마련이라오. 친구나 친척까지도 그럴 듯한 제안으로 여러분에게 투자하라고 유혹할 것이오.

투자의 제1원칙은 안정성이오. 커다란 수익을 약속하더라도 원금이 사라진다면 무슨 소용이 있겠소. 그런 투자는 결코 현명한 투자가 아니라오. 여러분이 힘겹게 모은 돈을 투자하기 전에 신중하게 생각하고 또 생각하시오. 하루라도 빨리 부자가 되겠다는 욕심 때문에 실패의 좌절에 빠져들지 않도록 조심해야만 하오.

누군가에게 돈을 빌려주기 전에 그 사람의 능력과 됨됨이를 따져 보시오. 어떤 사업에 투자하기 전에 그 사업의 위험성을 헤아려 보시오.

나는 첫 투자에서 처절한 실패를 맛보았소. 페니키아로 여행을 떠나는 벽돌 상인 아즈무르에게 1년 동안 힘겹게 모은 돈을 맡기며 희귀한 보석을 사다 달라고 요청했다오. 우리는 그 보석을 팔아 남은 이익을 나누어 갖기로 했지요. 그런데 페니키아 사람들은 사기꾼이었소.

아즈무르에게 싸구려 유리 조각을 희귀한 보석인양 팔았던 것이오.

그 실패에서 내가 어떤 교훈을 얻었는지 말해 주겠소. 투자할 곳을 결정할 때 여러분의 지혜를 과신하지 마시오. 해당 분야에서 충분한 경험을 쌓은 사람에게 조언을 구하시오. 훌륭한 조언은 당신이 투자하는 돈만큼이나 가치 있는 것이라오. 훌륭한 조언을 받아들여 실패하지 않는 것만으로 조언은 그 역할을 다했다고 볼 수 있소.

이것이 얄팍한 지갑을 살찌우는 네 번째 지혜요. 일단 채워진 지갑을 다시 텅 비게 하지 않도록 해 주는 중요한 방법이라오. 원금이 안전한 곳, 원하면 되찾을 수 있는 곳, 정당한 이자를 받을 수 있는 곳에만 투자하여 보물을 손실로부터 지키시오. 현명한 사람과 의논하시오. 황금을 취급하여 이익을 얻는 경험 많은 사람들의 조언을 구하시오. 그들의 지혜가 당신의 보물을 위험한 투자로부터 지키게 하시오."

다섯 번째 지혜 : 가치 있는 부동산을 잡아라

"어떤 사람이 자신이 번 10 중 9를 가지고 살며 즐기는데, 그 9 중 일정한 몫을 수익성 있는 곳에 투자할 여력이 있다면 여러분은 재산을 눈덩이처럼 불려 갈 수 있을 것이오."

아카드는 다섯 번째 강의를 이렇게 시작하였다.

"바빌론에는 많은 남자들이 부적당한 곳에서 가족들을 데리고 살고 있소. 그들은 아내가 기쁘게 꽃을 키울 수 없고 아이들이 더러운 골목 외에 뛰어놀 장소도 없는 그런 집에 사는 대가로 주인에게 너무나 많은 돈을 지불하고 있소.

아이들이 깨끗한 땅에서 놀 수 없고, 아내가 가족을 위해 꽃과 채소를 키울 수 없다면 어찌 인간다운 삶을 누린다고 말할 수 있겠소?

자신의 나무에서 자라난 무화과와 자신의 넝쿨에서 자라난 포도를 먹는 것은 사나이의 마음을 기쁘게 해 주오. 자신의 집을 갖고 그것을 자랑스럽게 돌보는 행위는 사나이의 마음에 자신감을 심어 주고, 모든 일에 더 큰 노력을 기울이게 하오. 그러므로 나는 모든 남자들이 자신과 가족들을 쉬게 할 집을 가지라고 권하고 싶소.

집은 선한 사람들의 능력 밖의 일이 아니오. 우리의 위대한 왕이 바빌론의 성벽을 넓혔기 때문에 그 안에는 지금 사용하지 않는 땅들이 많고 적당한 가격에 살 수 있지 않소?

집과 땅을 사들일 돈이 없다고? 물론 돈이 한 푼도 없으면 곤란하겠지만 여러분이 가족을 위해 공간을 마련하는데 필요한 액수의 적정한 몫을 준비해 두고 있다면 어떤 대부업자라도 부족한 돈을 기꺼이 빌려줄 것이오. 집이 완성된 뒤에 집주인에게 지불하던 집세 정도를 대부업자에게 지불한다면 오랜 세월이 지나지 않아 여러분은 모든 빚을 갚고 어엿한 집주인이 될 수 있다오. 그때부터 재산세만 납부한다면 여러분은 상당한 재산가가 되는 것이라오. 여러분의 아내는 옷을 빨기 위해 강가로 나갈 때마다 양가죽 부대에 물을 가득 채워 와 화초와 채소에 뿌리는 즐거움을 누릴 수 있을 것이오.

집을 가진 사람에게는 많은 축복이 내리는 법이라오. 집을 소유했으니 생활비가 크게 줄어들고 수입의 더 많은 부분을 욕구의 만족과 기쁨에 쓸 수 있을 것이오. 이것이 얄팍한 지갑에서 벗어날 수 있는 다섯 번째 지혜요."

여섯 번째 지혜 : 미래를 위한 소득을 확보하라

다음 날에도 아카드는 여섯 번째 강의를 어김없이 시작했다.
"모든 사람의 인생은 어린 시절에서 노년으로 진행되오. 이것은 인생의 길이고, 신이 때 이르게 저세상으로 부르지 않는 이상 누구도 이 길에서 벗어날 수 없소. 그러므로 나는 '사람은 마땅히 다가올 날들을 위해 적당한 수입을 준비해야 하며,' 또한 갑자기 가족의 곁을 떠나가게 될 때 남은 가족이 편안하게 살 수 있도록 대비해야 하는 것도 마땅한 의무라고 생각하오."

부의 법칙을 깨우쳐서 먹고살기에 충분한 돈을 벌어들이는 사람이라도 미래를 생각해야만 하오. 늙은 뒤에 안락한 삶을 보장하는 확실한 투자 계획을 세워야 합니다. 그래야 지혜로운 사람이 아니겠소.

사람이 미래를 안전하게 준비할 수 있는 방법은 많소. 숨겨 놓을 장소를 찾아 보물을 묻어 둘 수도 있소. 하지만 얼마나 정교하게 숨겼든 그것은 결국 도둑의 차지가 될지도 모르므로 나는 이 계획은 권하지 않겠소.

이런 목적을 위해 집이나 땅을 살 수도 있다오. 미래의 유용성과 가치 면에서 현명하게 고른다면 거기서 벌어들이는 수익을, 아니면 그것을 팔아서 생기는 돈을 잘 쓸 수 있소.

대부업자에게 적은 액수를 빌려주면 정기적으로 이자가 붙소. 이자 때문에 돈이 불어날 것이오. 안산이라는 샌들 만드는 사람이 있었소. 안산은 얼마 전에 나에게 말하기를 자신은 8년 동안 매주 대부업자에게 은화 두 냥을 저축했다고 했소. 대부업자는 최근에야 그에게 지금까지 저축한 금액을 말했는데, 그 결과는 그를 크게 기쁘게 했소. 흔히 그러듯이 매 4년마다 4분의 1의 이자를 붙인 그의 총 저축액은 이제 은화 1,040냥이 되었소.

나는 기꺼이 그의 사기를 북돋웠는데, 내가 아는 지식으로 매주 은화 두 냥씩을 앞으로 12년 동안 저축하면, 대부업자는 그에게 은화 4,000냥을 빚지게 되는 것이라고 말이오. 그 정도면 여생 동안 쓸 수 있는 돈이오.

정기적으로 적은 돈을 투자하면 큰 성과를 얻소. '노년과 가족을 보호하기 위해 보물을 확보하지 않아도 되는 사람은 없소. 아무리 지금의 사업이나 투자가 잘된다고 해도 말이오.'

아주 중요한 부분이기 때문에 좀 더 말하려 하오. 나는 언젠가는 현명한 사람들이 사망에 대비한 보험을 만들어 낼 것이라고 믿소. 많은 사람들이 적은 금액을 정기적으로 지불하고, 그렇게 모인 많은 돈은 가족에게 주는 것이오. 내 생각에 이것은 무척이나 바람직한 방법입니다만 아직 시기상조인 듯하오. 이 방법을 운영하자면 미리 준비해야 할 것이 많기 때문이오. 무엇보다 이 방법을 운영하는 단체가 왕의 옥좌처럼 견실하고 안정되어야 하기 때문이기도 하오. 하지만 언젠가는 이 방법이 제도화될 날이 오리라고 믿소. 그때가 되면 모든 사람이 커다란 축복을 받게 될 것이오. 적은 금액을 저축해서 세상을 떠난 회원의 가족에게 안락한 미래를 보장해 주는 넉넉한 돈을 마련할 수 있으니 얼마나 큰 축복이오.

그러나 우리는 미래를 사는 것이 아니라 현재를 살기 때문에 미래를 위한 자금을 확보할 현재의 수단과 방법을 이용해야 하오. 그러므로 나는 모든 사람이 현명하고 신중하게 노년의 얇은 지갑을 대비할 방법을 생각해 내기를 권하오. 경제 활동을 더는 할 수 없는 사람에게, 가장을 잃은 가족에게 남은 것이 얇은 지갑뿐이라면 그야말로 비극이 아니겠소.

얄팍한 지갑에서 벗어날 수 있는 여섯 번째 비결이 바로 이것이오. 노년과 가족의 안락한 삶을 위해서 필요한 것들을 미리 준비하시오."

일곱 번째 지혜 : 돈 버는 능력을 키워라

"오늘 나는 여러분들에게 얄팍한 지갑을 살찌우는 가장 중요한 비결을 말하려 하오. 오늘 강의는 황금에 관한 것이 아니라 여러분의 마음가짐에 대한 것이오. 내 앞에 각양각색의 옷을 입고 있는 여러분에 대해 말하려는 것이오. 여러분의 성공을 결정짓는 것은 황금이 아니라 여러분의 마음가짐과 세상을 살아가는 방식이오."

아카드는 일곱 번째 강의, 즉 마지막 강의를 이렇게 의미심장한 말로 시작했다.

"얼마 전에 한 젊은이가 돈을 빌리러 나를 찾아왔소. 돈이 왜 필요한지 물어보자 그는 자신의 소득이 지출을 감당하기에 부족하다고 불평했소. 그래서 나는 그런 사람은 대부업자에게 좋지 않은 고객이라고 말해 주었소. 돈을 갚을 여윳돈을 버는 능력이 없기 때문이오.

나는 그 젊은 친구에게 이렇게 물었습니다.

'젊은이, 자네는 더 많은 돈을 벌고 싶은 게로구먼. 그렇다면 자네는 돈 버는 능력을 키우기 위해 어떤 노력을 하고 있나?'

'내가 할 수 있는 모든 일을 다 하고 있습니다. 지난 두 달 동안 여섯 번이나 주인을 찾아가서 임금을 인상해 달라고 부탁했지만 번번이 거절당했습니다. 아마 저처럼 끈질기게 졸라 대는 사람도 없을 것입니다.'

그의 순진한 생각에 웃을지도 모르지만 그 친구에게는 뜨거운 열망이 있었습니다. 방법이 잘못되었긴 하지만 돈을 더 벌겠다는 열망은 칭찬받아 마땅합니다. 수익을 올리기 위해서는 그런 열망이 반드시 필요한 법이라오.

성취 이전에 먼저 욕구가 있어야만 하오. 욕구는 강하고 확실해야만 하오. 막연한 욕구는 약한 소망에 불과하니까. 부자가 되고 싶다는 소망은 목적의식이 낮소. 황금 다섯 냥을 바라는 사람은 열심히 일해 성취할 수 있는 구체적 욕구를 가진 것이오. 황금 다섯 냥이라는 구체적인 꿈을 성취하고 나면 어떤 변화가 생기겠소? 그 사람은 금화 다섯 냥을 버는 방법을 터득했소. 그 방법으로, 또는 비슷한 방법으로 금화 열 냥을 벌어들일 것이며, 나중에는 스무 냥, 먼 훗날에는 천 냥의 금화를 벌어들이는 방법을 조금씩 깨달아 갈 것이오. 결국엔 부자가 되겠지.

작지만 확실한 욕구를 충족시키기 위해 노력하면서 그는 더 큰 욕구를 충족시키는 방법도 배운 것이오. 이것이 부가 쌓이는 과정이오. 처음에는 적은 금액, 그 다음에는 배우고 능력을 키움으로써 더 큰 금액을 모으는 것이오.

욕구는 간단하고 명확해야 하오. 꿈이 지나치다면, 도저히 여러분의 능력으로 감당해 내기 힘든 욕구라면 그 꿈은 좌절로 끝나기 십상이라오.

무엇보다 여러분이 종사하고 있는 일에 최선을 다해야 합니다. 현재 직업에서 최고가 되도록 노력하십시오. 그렇게 할 때 돈 버는 능력도 자연스럽게 키워질 것이오. 나도 한때는 가난한 필경사에 불과했소. 푼돈을 받으며 점토판에 글을 새겨야 했다오. 그러나 나보다 더 많은 점토판을 새기는 사람이 더 많은 보수를 받는다는 사실을 깨달았소. 나는 누구보다 뛰어난 필경사가 되겠다고 결심했소. 그 뒤 성공한 사람들의 비결을 깨닫는 데 그리 오랜 시간이 걸리지는 않았소. 내 일에 흥미를 가질수록, 내 일에 열정을 갖고 최선을 다할수록 성과가 점점 나아졌기 때문이오. 내 능력이 나아지면서 나보다 많은 점토판을 작성하는 필경사를 찾아보기 어려웠소. 내 능력이 나아지면서 그에 따른 보상도 있었소. 내 능력을 인정해 달라고 주인을 여섯 번씩이나 찾아갈 필요도 없었다오.

더 많은 지혜를 지닐수록 더 많이 벌 수 있소. 자신의 기술에 대해 더 많이 알려고 노력하는 사람은 크게 보상받을 것이오. 만약 장인이라면 그 분야에서 가장 뛰어난 능력을 지닌 사람이 어떻게 일하고 또 어떤 연장을 사용하는지 눈여겨보시오. 법이나 의료에 종사한다면 같은 일을 하는 다른 사람들과 지식을 교환할 수 있소. 상인이라면 더 낮은 가격에 더 나은 물건을 끊임없이 구해야 하오.

사람의 일은 언제나 변하고 좀 더 나은 방향으로 개선된다오. 통찰력을 지닌 사람들이 더 나은 기술을 개발하고 손님들에게 더 좋은 서비스를 제공하려고 노력하기 때문이오. 따라서 우리 모두 변화의 물결에 동참해야 하오. 앞장서서 변화를 이끌어가도록 노력하시오. 뒤처지지 않으려면 어쩔 수 없다오. 고인 물은 썩게 마련이니까.

많은 것이 새롭게 생겨나면 인간의 삶이 윤택해진다오. 남에게 존중받는 사람이 되고 싶다면 다음 원칙을 반드시 지키시오.

첫째, 빚은 능력 범위 안에서 가장 신속하게 갚아야 하오. 현찰이 없다면 불필요한 물건은 사지 마시오.

둘째, 가족에게 충실한 가장이 되시오. 가족에게 존경받지 못하는 사람이 어찌 다른 사람에게 공경을 받겠소.

셋째, 유언장을 작성하여 신이 부를 경우에 가족이 재산을 적절하게 나눠 가지도록 하시오.

넷째, 상처 입거나 불행한 사람에게 사랑을 베푸시오. 능력 한도 내에서 그들을 도우시오. 또한 여러분에게 소중한 사람들에게 사려 깊게 행동해야 하오.

이제 얄팍한 지갑에서 여러분을 구원해 줄 일곱 번째 비밀을 정리해 봅시다. 능력을 키우고 언제나 공부하고 배우는 자세를 잃지 마시오. 또한 다른 사람에게 존중받도록 행동하시오. 이렇게 할 때 여러분은 꿈을 성취할 수 있다는 자신감을 갖게 될 것이오.

지금까지 우리는 가난에서 벗어날 수 있는 일곱 가지 지혜를 하나씩 살펴보았소. 내가 오랜 세월을 살면서 터득한 비결이라오. 나는 모든 사람이 부를 추구할 것을 촉구하오.

여러분, 바빌론에는 당신들이 꿈꾸는 것보다 훨씬 많은 황금이 있소. 모두에게 돌아갈 만큼 풍부하게 있소.

이제 이 진리를 실행하여 번창하고 부유해지시오. 그것은 당신들의 권리요.

이제 이 비결을 가르쳐서 왕국의 모든 명예로운 백성들이 우리 사랑하는 바빌론의 풍부한 부를 공유하게 하시오."

행운의 여신을 유혹하라

Meet the Goddess of Good Luck

The Richest Man in Babylon

행운의 여신이 함께하는 사람이 평생 동안 모을 수 있는 재산을 예측하기란 불가능하다. 그를 유프라테스강에 던져 보라. 진주라도 손에 쥐고서 강가로 걸어 나올 것이다.

_바빌로니아 속담

누구나 행운아가 되고 싶어 한다. 4000년 전 바빌로니아에 살았던 조상들이나, 오늘날을 살아가는 사람들이나 행운의 여신을 만나고 싶어 하는 열망은 똑같다. 우리 모두가 변덕스러운 여신에게 사랑의 손길을 기대한다. 그런데 행운의 여신이 제 발로 우리를 찾아오도록 만들 방법은 없을까? 행운의 여신을 감동시켜서 사랑을 듬뿍 받아 낼 방법은 없는 것일까? 요컨대 행운을 내 것으로 만드는 방법은 없는 것일까?

그것이 바로 바빌론 사람들이 알고 싶어 했고, 알아내기로 결심한 바로 그 '유혹의 기술'이었다. 행운의 여신을 유혹하여, 호의를 끌어내는 기술! 그들은 기민하고 날카롭게 사고하는 사람들이었다. 그것이 바빌론이 가장 부유하고 강력한 나라가 된 이유를 설명해 준다.

머나먼 과거 시대였던 까닭에 바빌론에는 정식 교육기관이 없었다. 그렇지만 그들에게는 배움의 중심지가 있었고, 그 중심지는 매우 실용적이었다. 바빌론에 솟아오른 건물 중에는 왕의 궁전, 공중 정원, 신전만큼이나 중요한 건물이 하나 있었다. 역사책에는 그 건물에 대해서 거의 언급되어 있지 않지만, 그 건물은 그 시대를 이끌어간 사상의 본산이었다.

이 건물은 배움의 전당이었다. 이곳에서는 자발적으로 나선 선생들이 과거의 지혜를 설파했고, 대중의 관심을 끄는 주제들이 공개적으로 토론되었다. 배움의 전당 안에서는 모두가 동등했다. 가장 천한 신분인 노예까지도 왕실의 자손과 허물없이 토론을 벌일 수 있었다.

배움의 전당을 드나드는 수많은 사람 중에 아카드란 현인이 있었다. 바빌론에서 가장 부자로 알려진 지혜로운 사람이었다. 그에게 할당된 특별 강연장에서 아카드는 거의 매일 저녁 흥미로운 주제로 강연을 했다. 그때마다 구름 떼처럼 사람들이 몰려들었다. 노인과 젊은이도 있었지만 대대수가 중년의 남자였다. 그들은 아카드의 강연을

들은 뒤, 강연에서 언급된 문제를 두고 열띤 토론을 벌였다.

태양이 커다란 붉은 공처럼 하늘을 빨갛게 물들이면서 안개가 자욱한 지평선 아래로 내려앉자, 아카드가 어슬렁대는 발걸음으로 강연장에 들어섰다. 강연장에는 벌써 100여명의 청중이 바닥에 방석을 깔고 앉아 그를 기다리고 있었다. 아카드가 강연장에 들어선 뒤에도 청중이 계속해서 몰려들었다.

아카드가 그들을 물끄러미 바라보며 물었다.

"오늘은 어떤 문제에 대해 토론해 볼까요?"

잠시 침묵이 흘렀지만, 곧 키가 훤칠한 직조공이 자리에서 일어나 우렁찬 목소리로 말했다.

"아카드 님, 그동안 선생님과 이곳에 모인 친구들에게 웃음거리가 될지도 모른다는 생각에 망설여 왔던 문제를 토론하고 싶습니다."

아카드와 친구들이 어떤 문제냐고 재촉하자 직조공은 용기를 내어 계속 말했습니다.

"오늘 저는 무척이나 운이 좋았습니다. 금화가 잔뜩 든 지갑을 길에서 주웠습니다. 솔직히 말씀드려서 이런 행운이 계속되었으면 좋겠습니다. 모두가 저와 똑같은 바람을 갖고 있으리라 생각합니다. 그래서 행운을 끌어들이는 방법을 토론하고자 제안합니다. 모두의 머리를 짜낸다면 행운을 끌어들일 좋은 방법을 찾아낼 수 있지 않겠습니까?"

아카드가 빙긋이 미소를 지으며 대답했다.

"아주 흥미로운 주제입니다. 충분히 토론할 가치가 있는 문제라고 생각합니다. 어떤 사람들은 행운이 우연히 찾아오는 기회일 뿐이라고 말합니다. 뜻밖의 사고처럼 아무런 이유도 없이 말입니다. 반면에 행운은 우리가 섬기는 아쉬타르 여신의 선물이라 믿는 사람들도 있습니다. 그 여신을 기쁘게 하기 위해 우리가 바친 제물의 대가로 받는 것이라고 말입니다. 여러분은 어떻게 생각합니까? 행운이 제 발로 우리에게 찾아오도록 만들 방법이 정말 있다면, 그 방법을 우리가 찾아낼 수 있을까요?"

모두가 한 목소리로 대답했다.

"물론입니다."

아카드는 환한 미소를 지으며 말했다.

"그럼 토론을 시작하기 전에, 직조공처럼 아무런 노력 없이 상당한 보물을 길에서 주운 경험이 있는 사람들의 말부터 들어 볼까요?"

잠시 침묵이 흘렀다. 모두가 주변을 두리번거리며 발언자를 찾았지만 아무도 선뜻 나서지 않았다. 아카드가 물었다.

"아무도 없나요? 그렇다면 행운은 아주 드물게 찾아오는 것이라 결론 내릴 수 있겠군요. 좋습니다. 그럼 우리, 토론을 어디에서 시작할까요?"

깔끔한 옷차림을 한 젊은 사내가 일어나 대답했다.

"제 생각을 말씀드리겠습니다. 행운을 언급하려면 도박장을 먼저 생각해 보아야 하지 않을까요? 많은 사람이 도박장에 달려가는 이유는 행운의 여신이 그들에게 대박을 안겨 줄 것이란 생각 때문이 아닐까요?"

그가 자리에 앉기 무섭게 다른 사내가 나섰다.

"잠깐! 당신 이야기를 계속해 보시오. 당신은 도박장에서 행운의 여신에게 축복받은 적이 있습니까? 행운의 여신이 주사위를 잘 굴려서 도박장 주인의 돈으로 당신 지갑을 채워 주던가요? 아니면 당신이 힘겹게 번 돈을 도박장 주인에게 몽땅 털렸나요?"

젊은 사내는 다시 일어나 너털웃음을 터뜨리며 대답했다.

"솔직히 말씀드려서 저는 도박장에 발끝조차 들여놓은 적이 없습니다. 하지만 여러분은 어떤가요? 행운의 여신이 여러분 편에 서서 주사위를 멋지게 굴려 주기를 바란 적이 없습니까? 저는 무엇이라도 듣고 배울 자세가 되어 있습니다."

아카드가 끼어들었다.

"아주 좋습니다. 우리는 하나의 문제라도 가능한 모든 방향에서 생각해 보기 위해 이 자리에 모였습니다. 따라서 행운이란 문제를 다룰 때 도박장도 간과할 수 없는 부분이라 생각합니다. 도박장을 거론하지 않는다면 오히려 인간의 본능적 욕구를 무시하는 실수를 범한다고 생각합니다. 도박장이야말로 적은 돈으로 큰돈을 벌겠다는 행운을 실험해 보는 곳이기 때문입니다."

다른 사람이 팔을 번쩍 들며 발언권을 얻었다.

"저는 어제 경마장에 다녀왔습니다. 행운의 여신이 도박장을 기웃

댄다면, 분명 황금빛 전차와 말들이 훨씬 더한 흥미를 제공하는 전차 경주도 간과하지 않을 것입니다. 아카드 님, 솔직하게 대답해 주십시오. 저는 어제 경마장에서 선생님을 보았습니다. 행운의 여신이 선생님께 니네베에서 온 회색 말에 돈을 걸라고 말해 주던가요? 저는 우연히 선생님 뒤에 있었던 까닭에, 선생님께서 회색 말에 돈을 걸었다는 이야기를 본의 아니게 엿듣고 제 귀를 의심하지 않을 수 없었습니다. 우리만큼이나 선생님께서도 정상적인 경우라면 니네베 말이 바빌론 말을 이길 수 없다는 사실을 잘 알고 있으리라 생각하기 때문입니다. 그런데 마지막 바퀴를 돌 때 안쪽 담이 무너지면서 바빌론 말들을 방해하는 바람에 결국 니네베 말이 경주에서 승리했습니다. 행운의 여신이 선생님께 회색 말에게 돈을 걸라고 말해 주던가요?"

아카드는 그 사내에게 빙긋이 미소를 지으며 대답했다.

"우리가 경마에 돈을 거는 것까지 행운의 여신이 관심을 가져야 할 이유가 있을까요? 내 생각이지만 아쉬타르 여신은 행운의 여신이라기보다 사랑의 여신입니다. 곤경에 빠진 사람을 돕고 공적이 있는 사람이 보상받는다면, 그것만으로도 아쉬타르 여신이 기뻐하리라 생각합니다. 나도 아쉬타르 여신을 만나고 싶습니다. 그러나 사람들이 버는 것보다 더 많은 황금을 잃는 도박장이나 경마장에서가 아니라, 보람 있고 가치 있는 행동과 노력이 있는 곳에서 그 여신을 만나고 싶습니다.

밭을 경작하거나 정직하게 거래할 때, 우리는 땀 흘린 만큼의 보상을 받게 됩니다. 물론 항상 보상받을 수 있는 것은 아닙니다. 때때로 판단을 잘못하거나 애써 가꾼 농작물을 궂은 날씨가 망쳐버릴 때는 본전조차 건질 수 없으니까요. 그러나 어떤 시련에도 좌절하지 않고 꾸준히 노력한다면 이익을 실현할 수 있으리라는 기대치는 더욱 커져갑니다. 노력하는 시간과 횟수가 늘어날수록 수익을 실현시킬 가능성도 아울러 늘어나기 때문입니다.

하지만 도박장의 경우는 정반대입니다. 도박에 참여하는 횟수가 늘어날수록 승리할 확률은 줄어듭니다. 도박장 주인의 지갑을 두툼하게 해 줄 뿐입니다. 도박장은 언제나 주인에게 유리하도록 정교하게 계산되어 있습니다. 그렇지 않다면 도박장 주인은 무엇 때문에 도박장을 열어 두겠습니까? 도박장은 그의 사업장입니다. 도박꾼들의 돈으로 직원들에게 봉급을 주고, 도박장 주변을 깨끗하게 관리하고, 그의 잇속까지 챙깁니다. 도박장 주인이 승리할 확률은 거의 100퍼센트에 가깝지만, 도박꾼이 승리할 가능성은 불확실할 뿐입니다. 하지만 이런 사실을 알고 있는 사람은 거의 없습니다.

주사위 도박을 예로 들어 봅시다. 주사위를 던질 때마다 우리는 가장 높은 숫자가 나오는 면에 돈을 걸게 됩니다. 다행히 붉은 면이 가장 높은 숫자일 경우, 우리는 건 돈의 4배를 돌려받게 됩니다. 하지만 다른 다섯 면의 가장 높은 숫자가 나올 경우 우리는 판돈을 잃게 됩니다. 따라서 주사위를 던질 때마다 우리가 패할 가능성을 5라고 한다면, 승리할 가능성은 4에 불과합니다. 이런 계산에 따르면, 하룻밤에 도박에서 도박장 주인은 5분의 1을 수익으로 기대할 수 있습니다. 그런데 도박꾼의 사정은 어떻습니까? 주사위를 던질 때마다 5분의 1만큼이나 패할 확률에도 도박꾼이 돈을 딸 수 있을까요?"

한 사내가 큰 소리로 대답했다.

"하지만 때때로 도박장에서 아주 큰돈을 버는 사람도 있습니다."

아카드가 빙긋이 웃으며 말했습니다.

"물론 그렇습니다. 그런 사람도 있습니다. 그런데 그렇게 행운으로 벌어드린 돈이 어떻게 사용되고 있습니까? 행운의 여신이 도와줘서 목돈을 쥔 사람이 그 돈을 보람되게 사용하는 경우를 본 적이 있습니까? 나는 바빌론에서 성공한 사람들을 거의 알고 있습니다. 하지만 그들 중 도박장에서 번 돈으로 성공의 길로 나아가기 시작한 사람은 한 명도 없습니다. 오늘 밤 여기 모인 여러분도 바빌론에서 내로라하는 재산가들을 알고 있을 것입니다. 그처럼 성공한 사람들 중에서 도박장의 판돈을 성공의 발판으로 삼았던 사람이 얼마나 될까요? 과연 그런 사람이 있을까요? 여러분은 그런 사람을 알고 있나요?"

긴 침묵이 흘렀다. 이내 한 사람의 장난기 섞인 대답에 강연장은 웃음바다로 변했다.

"도박장 주인이오."

아카드가 대답했다.

"그래요. 도박장 주인 이외에는 아무도 없습니다. 도박장 주인 이외에 도박으로 돈을 번 사람이 아무도 없다면 여러분은 어찌 해야 하겠습니까? 그래도 언젠가 대박이 터질 것이란 꿈을 키우면서 도박장에 드나들 겁니까? 도박장에서 한밑천 잡겠다는 헛된 꿈에 계속 매달려 살 겁니까?"

아카드의 나무라는 듯한 말투에 잠시 뒷자리에서 불만스러운 목소리들이 들려왔다. 그러나 그런 불평은 강연장의 진지한 분위기에 곧 수그러들었다. 아카드가 계속해서 말했다.

"아쉬타르 여신이 도박장 같은 곳에 드나든다고 우리까지 그런 곳에서 행운을 좇아서는 안 됩니다. 다른 곳으로 눈을 돌려야 합니다. 세상에는 눈먼 돈이 마구 돌아다니고 있지만, 우리는 그 돈이 어디에 있는지 아직 모릅니다. 도박장에 드나들어 보았지만 그곳은 아니었습니다. 경마장이오? 솔직히 말해서, 나도 경마장에서 딴 돈보다 훨씬 많은 돈을 잃었습니다. 이제 조금 더 진지해 봅시다. 무역과 기업을 생각해 봅시다. 정직한 거래로 상당한 수익을 올렸다면 그것이 행운일까요 아니면 우리 노력에 대한 공정한 보상일까요? 나는 이것도 행운이라 생각합니다. 사실 우리는 아쉬타르 여신의 선물을 간과하는 경향이 있습니다. 우리는 여신의 관대함을 고맙게 생각하지 않지만, 여신은 조금도 불평하지 않고 우리를 도와줍니다. 여기 내 생각과 다른 사람이 있나요?"

그때 중년의 한 상인이 일어났다. 품위 있어 보이는 하얀 옷을 조심스레 쓸어내리며 말했다.

"여러분이 허락하신다면 내 생각을 말씀드릴까 합니다. 우리는 성공을 바랍니다. 그러나 이상하게도 성공은 우리를 비켜 가는 것 같습니다. 따라서 여러분의 말씀대로 우리가 근면성과 능력을 성공의 요인이라고 생각하더라도, 성공을 행운이라 생각하지 못할 이유가 있겠습니까? 성공이 우리를 비켜 가지 않았다면 그것만으로도 행운이 아닐까요? 땀 흘려 일했다고 모두가 성공했나요? 그렇지 않습니다. 따라서 우리는 성공을 공정한 보상이라 생각할 수 없습니다. 여기에 계신 많은 분들이 비슷한 경험을 했으리라 생각합니다."

아카드가 그의 말에 수긍하며 말했다.

"적절한 설명이십니다. 여러분 중에 행운을 거의 손에 쥐었다가 놓친 사람 있나요?"

많은 사람이 손을 들었다. 방금 말했던 초로의 사내도 손을 들었다. 아카드는 그에게 눈길을 보내며 말했다.

"기왕에 당신이 말을 꺼냈으니, 먼저 당신 이야기부터 듣고 싶군요."

아카드의 권유에 초로의 사내는 다시 자리에서 일어나 자신의 경험담을 말하기 시작했다.

"기꺼이 그렇게 하겠습니다. 행운이 우리에게 어떻게 다가오는지, 하지만 우리가 찾아온 행운을 어떻게 놓쳐 버리는지에 대해서 말씀 드리겠습니다. 행운의 여신이 지나간 다음에 가슴을 치고 통곡한들 무슨 소용이 있겠습니까?

오래 전 젊은 시절이었습니다. 우리는 갓 결혼한 신혼부부였고 돈벌이도 괜찮았습니다. 그런데 어느 날 아버지가 찾아오시더니 좋은 투자 건수가 생겼다며 내게 강력히 권했습니다. 아버지 친구의 아들이 외성外城에서 많이 떨어지지 않은 곳에서 미개간지를 찾아냈다는 것이었습니다. 그 땅은 수로보다 훨씬 위쪽에 있어서 물이 닿지 않았습니다.

아버지 친구 아들은 그 땅을 사들일 계획이었습니다. 비록 척박한 땅이었지만 물레방아를 세 군데쯤 설치해서 황소에게 끌게 한다면 생명수를 끌어들여 그곳을 옥토로 만들 수 있다고 생각했습니다. 제1차 계획이 예상대로 끝난다면 그 땅을 조그만 필지로 나누어 도시 사람들에게 채소밭으로 분양하겠다는 추가 계획도 세웠습니다.

그러나 아버지 친구의 아들에게는 그 사업을 꾸려 갈 충분한 자금이 없었습니다. 나처럼 그 친구도 괜찮은 돈벌이를 하고 있던 젊은이였습니다. 그의 아버지도 내 아버지처럼 대가족의 가장이었지만 큰 재산가는 아니었습니다. 그래서 그 친구는 사업을 함께할 사람을 모집하기로 결심했습니다.

일단 12명이 함께하기로 했습니다. 모두가 따로 돈을 버는 사람들이었기 때문에, 그 땅을 개발해서 분양할 수 있을 때까지 각자 수입의 1할을 투자하기로 합의를 보았습니다. 물론 총수익은 투자한 액수에 비례해서 공정하게 분배한다는 합의도 있었습니다. 그 소식을 듣고 내 아버지가 부리나케 달려와 내게 투자를 권유했던 것입니다.

'아들아, 너는 아직 젊다. 네가 큰 부자가 되어 주변에서 존경받는

사람이 되는 것이 내 간절한 꿈이다. 네가 내 실수에서 교훈을 얻었으면 좋겠구나.'

'아버지, 저도 부자가 되고 싶습니다. 이 세상에 부자가 되고 싶지 않은 사람이 어디에 있겠습니까?'

'그럼 내 말대로 하거라. 내가 네 나이였다면 무엇이라도 했을 것이다. 네 수입에서 10분의 1을 떼어서 유망한 사업에 투자하거라. 그렇게 네 수입에서 10분의 1을 떼어서 다른 곳에 투자한다면 그것이 대단한 돈을 벌어 줄 게다. 내 나이가 되기 전에 너는 상당한 재산가가 될 수 있을 게야.'

'아버지 말씀이 지혜의 말씀인 줄은 압니다. 저도 부자가 되고 싶습니다. 하지만 제가 벌어야 얼마나 벌겠습니까? 지금도 쓸 곳이 많은 걸요. 솔직히 말씀드려서 아버지의 조언대로 제 수입의 1할씩이나 투자하기가 망설여집니다. 저는 젊습니다. 아직 시간이 많습니다.'

'네 나이 때는 나도 아직 시간은 많다, 돈은 언제라도 벌 수 있다, 라고 생각했단다. 하지만 그 뒤로 세월이 지났지만 이 아버지는 아직 시작조차 못 하고 있다.'

'아버지, 저는 아버지와는 다른 세대에 살고 있습니다. 저는 그런 실수를 저지르지 않을 겁니다.'

'아들아, 지금 기회가 찾아왔다. 너를 부자로 만들어 줄 행운의 손길을 내밀고 있단다. 제발 이번 기회를 놓치지 말거라. 망설이지 말고 투자하거라. 내일이라도 내 친구의 아들을 찾아가 네 수입의 1할을 투자하겠다고 말하거라. 아니, 오늘이라도 당장 찾아가거라. 기회는 우리를 기다려 주지 않는다. 순식간에 사라지는 것이지. 아들아, 제발 망설이지 말거라!'

아버지의 간절한 충고에도 불구하고 나는 망설였습니다. 그때 시장에는 장사꾼들이 동양에서 가져온 아름다운 옷이 넘쳐 나고 있었습니다. 내 아내에게 입힌다면 너무도 아름다울 옷이었습니다. 그러나 내 수입의 10분의 1을 그 사업에 투자한다면 우리가 간절히 바라던 즐거움을 포기해야만 했습니다. 나는 선뜻 결정을 내릴 수 없었습니다. 나는 결정을 미루다가 때를 놓쳐 버렸고 엄청나게 후회를 했습니다. 그 사업이 예상보다 훨씬 높은 수익을 냈기 때문입니다. 나는 제 발로 찾아온 기회를 놓쳐 버렸지요."

초로의 사내는 말을 마치고 자리에 앉았다. 그러자 사막에서 온 검은 피부의 사내가 일어났다.

"결국 행운은 기회를 놓치지 않는 사람에게만 찾아온다고 요약할 수 있겠군요. 그렇습니다. 어떤 일에나 시작이 있는 법입니다. 커다란 재산도 그 처음은 한 푼에서 시작됩니다. 수입에서 일정한 부분을 떼어서 투자할 때 우리는 부자가 될 수 있습니다. 나는 지금 많은 가축을 거느린 목장 주인입니다. 하지만 내 시작은 미약했습니다. 어렸을 때 은화 한 닢으로 송아지 한 마리를 산 게 전부니까요. 지금 생각하면 별것 아니지만, 분명 그것은 나를 부자로 만들어 준 발판이었습니다. 어찌 생각하면 내게 가장 소중한 재산이었습니다.

커다란 재산가가 되기 위한 첫 출발은 누구에게나 찾아올 수 있는 행운입니다. 단순한 첫걸음이지만 우리 삶을 완전히 뒤바꿔 놓을 만한 가장 중요한 걸음입니다. 땀을 흘리며 돈벌이를 하는 사람을, 투자한 돈으로 배당금을 즐길 수 있는 사람으로 바꾸는 그 첫 번째 걸음은 모두에게 중요합니다. 일부는 다행하게도 젊을 때 이 걸음을 내디디며, 나중에 걸음을 내디딘 사람이나 이 상인의 아버지처럼 결코 걸음을 내디디지 않은 불행한 사람들보다 금전적인 성공을 더 빨리 이룹니다.

만약 저분이 젊은 시절에 그 기회를 잡았다면, 오늘 저분은 이 세상에서 좋은 것만을 골라가며 행복한 삶을 즐길 수 있었을 것입니다. 오는 길에 두둑한 지갑을 주웠다는 직조공이 그 행운을 첫 출발로 삼아 올바른 방향으로 나아간다면, 머지않아 직조공도 대단한 재산가가 될 수 있으리라 생각합니다."

이때 다른 나라에서 온 듯한 낯선 사람이 손을 번쩍 들며 발언권을 청했다.

"제게 말할 기회를 주셔서 감사합니다. 저는 시리아에서 왔습니다. 바빌로니아 말을 잘하지는 못합니다. 실례인 줄 압니다만 저분과 같은 사람을 바빌론에서는 뭐라고 부르는지 알고 싶습니다. 물론 시리아 말로는 적절한 단어가 있지만, 제가 시리아 말로 한다면 여러분이 못 알아들으실 것이 아닙니까. 여러분이 가르쳐 주시기 바랍니다. 저분처럼 좋은 기회가 왔음에도 차일피일 미루는 사람을 바빌로니아

말로는 무엇이라고 합니까?"

어딘가에서 "굼벵이!"라고 대답했다. 그러자 시리아 사람이 흥분한 듯이 두 팔을 흔들어 대면서 큰 소리로 말했다.

"굼벵이요? 적절한 비유입니다. 굼벵이는 기회가 눈앞까지 찾아와도 선뜻 받아들이지 않습니다. 마냥 기다립니다. 더 좋은 기회가 올 것이라 말하면서 빈둥거립니다. 그런 사람에게 어찌 더 좋은 기회가 찾아올 수 있겠습니까? 기회는 굼벵이를 기다려 주지 않습니다. 행운을 바라는 사람은 신속하게 행동해야 합니다. 기회가 찾아왔을 때 신속하게 행동하지 않는다면 저분처럼 되고 말 겁니다. 영원히 굼벵이로 살아야 할 것입니다."

초로의 사내가 다시 자리에서 일어났다. 그러곤 시리아 사람에게 정중히 허리를 숙이며 말했다.

"고맙습니다. 나를 그렇게 꾸짖어 주신 당신께 진심으로 감사드립니다. 당신 말은 조금도 틀리지 않았습니다."

마침내 아카드가 끼어들었다.

"이제 다른 사람의 이야기를 들어 봅시다. 비슷한 경험을 한 사람이 또 있습니까?"

이번에는 붉은 옷을 입은 중년의 사내가 일어났다.

"제 경험을 말씀드려 볼까요? 저는 가축 상인입니다. 주로 낙타와 말을 취급하지만 양이나 염소를 취급할 때도 있습니다. 어느 날 밤 전혀 예기치 않게 찾아온 기회에 대해서 여러분께 말씀드릴까 합니다.

어쩌면 너무도 뜻밖에 찾아온 기회였던 까닭에 나는 그 기회를 놓쳐 버렸는지도 모릅니다. 어쨌든 내 이야기를 잘 듣고 여러분이 판단하시기를 바랍니다.

어느 날 저녁 저는 좋은 낙타를 찾기 위한 열흘간의 여행을 마치고 집으로 돌아오던 길이었습니다. 어찌된 일인지 여행 성과도 좋지 않았는데 성문까지 닫혀 있는 것이 아니겠습니까? 화가 나서 견딜 수 없었습니다. 먹을 것도 없고 마실 것도 없었기 때문입니다.

노예들이 그날 밤을 보내려고 천막을 치기 시작했습니다. 그때 초로의 농부가 우리에게 다가왔습니다. 그도 우리와 똑같은 신세였습니다.

농부는 나를 한동안 살펴보더니 이렇게 말했습니다.

'선생의 모습을 보니 장사하시는 분 같습니다. 만약 그렇다면 선생에게 이 세상에서 가장 건강한 양 떼를 팔고 싶습니다. 내 아내가 열병에 걸려 병석에 눕는 바람에 집으로 황급히 돌아가야만 합니다. 내 양 떼를 사 주시겠습니까? 그렇게 해 주신다면 나와 노예들은 홀가분한 몸으로 지금이라도 출발할 수 있을 것입니다.'

이미 날이 어두웠기 때문에 나는 양 떼를 볼 수 없었지만, 양들의 울음소리에서 상당한 수가 된다는 것을 짐작할 수 있었습니다. 좋은 낙타를 찾아 열흘을 헤매고 다녔지만 별다른 성과가 없었던 까닭에 그 농부의 제안을 기꺼이 받아들였습니다. 농부는 화급했기 때문인지 상당히 합리적인 가격을 제시했고 나는 그 가격을 받아들였습니다. 아침에 성문이 열리면 곧바로 성 안으로 끌고 들어가 커다란 이익을 남기고 되팔 생각까지 했습니다.

거래가 체결된 뒤 나는 노예들에게 횃불을 만들라고 지시했습니다. 농부가 900마리라고 했지만 직접 그 수를 헤아리고 싶었기 때문입니다. 그러나 양들이 목이 말랐는지 쉴 새 없이 물을 찾아 돌아다녀 제대로 헤아릴 수가 없었습니다. 숫자를 센다는 것은 애초부터 불가능한 일이었습니다.

나는 농부에게 날이 새면 양의 수를 확인한 다음에 돈을 지불하겠다고 퉁명스럽게 말했습니다. 하지만 농부는 다음 날 아침까지 기다릴 여유가 없었습니다. 내게 간청하듯 말했습니다.

'그럴 여유가 없습니다. 나는 지금 출발해도 늦습니다. 오늘 밤엔 제가 제안한 값의 3분의 2만 주십시오. 그러면 가장 똑똑한 노예를 남겨 두겠습니다. 내가 가장 신임하는 노예입니다. 내일 아침 그 노예와 함께 양의 수를 확인하신 다음 나머지 돈을 그에게 주십시오.'

하지만 나는 양보하지 않았습니다. 그날 밤에는 한 푼도 줄 수 없다고 버티었습니다. 다음 날 아침 내가 잠에서 깨기도 전에 성문이 열리면서 가축 상인들이 양 떼를 찾아 몰려나왔습니다. 그 도시는 먹을 것이 부족했기 때문에 상인들은 서로 높은 값을 주겠다며 농부에게 양 떼를 팔라고 졸라 댔습니다. 결국 농부는 전날 밤 내게 제안했던 가격의 3배나 되는 돈을 받고 고향으로 돌아갈 수 있었습니다. 거꾸로 생각하면 나는 제 발로 굴러든 행운을 내 발로 차 버린 셈이지요."

중년 사내의 이야기가 끝나자 아카드는 군중에게 눈을 돌리며 물었다.

"참 소중한 경험담이었습니다. 이 이야기에서 어떤 교훈을 얻을 수 있을까요?"

말안장을 만드는 사람이 일어나 대답했다.

"확실한 거래라는 판단이 서면 즉시 돈을 지불하고 그 거래를 종결하라는 교훈이 아니겠습니까? 확실한 거래라면 즉각 행동에 옮겨야 합니다. 쓸데없는 불안감에 거래를 미룰 필요가 없습니다. 불안감이란 결국 결단력이 없다는 증거가 아니겠습니까? 결단을 내리지 못하고 시간을 보내는 사이에 다른 사람에게 행운을 빼앗기게 됩니다.

우리 인간은 워낙에 변덕스럽습니다. 슬프게도 우리는 우리 판단이 틀렸을 때보다 옳을 때 마음을 바꾸기 쉽습니다. 이상하게도 나쁜 일은 고집스레 밀고 나가면서도, 좋은 일 앞에서는 이런저런 생각에 선뜻 결정을 내리지 못하고 행운을 날려 보냅니다. 내 경우도 돌이켜보면 첫 판단이 가장 훌륭한 판단이었습니다. 소위 직관력이란 것이었습니다.

그런데도 저의 경우에는 좋은 거래를 추진해 성사시키는 일이 언제나 힘들었습니다. 그래서 저는 제 자신의 약점을 극복하기 위해 결단하고 과감하게 돈을 지불하려고 노력합니다. 이렇게 해야만 행운이 지나간 뒤에 땅을 치며 후회하는 실수를 범하지 않기 때문입니다."

시리아 사람이 다시 일어섰다.

"결국 똑같은 이야기입니다. 매번 우리는 똑같은 이유로 기회를 날려 보냅니다. 기회는 굼벵이에게도 어김없이 찾아옵니다. 멋진 계획을 들고서 말입니다. 하지만 그때마다 굼벵이는 선뜻 결정을 내리지 못하고 망설입니다. 우리는 행동하는 사람이 되어야 합니다. 어떤 생각이 떠오르면 곧바로 실천하는 사람이 되어야 합니다. 그것이 성공하는 지름길이 아닐까요?"

가축 상인이 대답했다.

"그렇습니다, 당신 말이 맞습니다. 굼벵이에게도 행운은 찾아오지만 언제나 똑같은 이유로 그 행운을 놓치고 맙니다. 어쩌면 당연한 결과일지도 모릅니다. 우리는 부자가 되고 싶어 합니다. 그러나 모든 사람이 조금씩은 굼벵이 기질을 갖고 있습니다. 그런 까닭에 기회가 찾아와도 굼벵이 기질이 갖가지 변명거리를 만들어서 결정을 미루게 합니다. 결국 우리 적은 우리 자신입니다 굼벵이 기질을 이겨 내지 못한 우리 자신이 우리의 최대 적입니다.

젊은 시절에는 몰랐습니다. 내 사업이 지지부진한 이유가 굼벵이 기질 때문이라고는 생각하지 않았습니다. 처음에는 내 사업적 판단력이 부족하기 때문이라고 생각했습니다.

하지만 마침내 나는 그 원인이 무엇인지 깨달았습니다. 신속한 행동이 필요하고 단호한 결정이 필요할 때에도 쓸데없이 미루는 습관이 문제였습니다.

내 사업이 부진한 이유를 깨달았을 때 내 굼벵이 기질이 한없이 미웠습니다. 수레에 매인 끈을 풀어내려는 야생 당나귀처럼 나는 내 성공을 가로막는 걸림돌을 치워 내려 혼신의 노력을 다했습니다."

시리아 사람이 다시 벌떡 일어났다.

"고맙습니다. 그런데 당신에게 묻고 싶은 것이 있습니다. 당신은 지금 멋진 옷을 입고 있습니다. 결코 가난한 사람처럼 보이지 않습니다. 게다가 지금은 성공한 사람처럼 말씀하십니다. 요즘은 굼벵이 기질을 완전히 버렸습니까? 그런 습관을 어떻게 이겨 낼 수 있었습니까?"

"내게 굼벵이 기질이 있다는 사실을 진정으로 깨달은 뒤에야 그 습관을 떨쳐 버릴 수 있었습니다. 굼벵이 기질이 내 성공을 가로막는 가장 강력한 적이었습니다. 어딘가에 숨어서 나를 호시탐탐 노리고 있었습니다. 내가 방금 말씀드린 경험담은 내가 날려 버린 수많은 기회 중 하나일 뿐입니다.

그러나 굼벵이 기질이 내 성공을 가로막는 훼방꾼이라는 사실을 깨달은 순간부터 그 습관을 버리기가 그다지 어렵지 않았습니다. 도둑이 내 집의 곳간을 훔치도록 그냥 내버려둘 수 있겠습니까? 나의 적이 바로 굼벵이 기질이라는 사실을 깨달았을 때 나는 굳게 결심했습니다. 다시는 굼벵이처럼 빈둥거리지 않겠다! 다시는 기회를 놓치지 않겠다!

내 경험으로 여러분에게 말씀드릴 수 있습니다. 굼벵이 기질을 떨쳐 내지 못하는 한 누구도 성공할 수 없습니다. 굼벵이 기질을 이겨 낸 사람만이 바빌론의 보물을 나눠 가질 수 있습니다.

아카드 님, 제 말을 어떻게 생각하십니까? 선생님은 바빌론에서 가장 부자입니다. 그래서 많은 사람이 선생님을 이 세상에서 최고의 행운아라고 말합니다. 굼벵이 기질을 완전히 씻어 내지 못한다면 결코 성공의 달콤한 열매를 맛보지 못할 것이란 내 말에 동의하십니까?"

아카드가 고개를 끄덕이며 대답했다.

"당신 말에 전적으로 동의합니다. 꽤 오랜 세월을 살면서 나는 여러 세대의 사람을 지켜보았습니다. 학문의 길을 걷는 사람, 장사하는 사람, 과학의 길을 걷는 사람……. 모두가 성공을 꿈꾸면서 나름대로 열심히 일하는 사람들이었습니다. 그들 모두에게 기회가 찾아왔습니다. 그런데 그 기회를 꽉 붙잡고 성공의 길로 치달은 사람도 있었지만, 대다수가 단호히 결정을 내리지 못하고 망설이다가 뒤처지고 말았습니다."

이렇게 말하고 아카드는 직조공에게 눈길을 주며 말했다.

"자네가 제안한 대로 우리는 지금까지 행운이란 문제를 토론해 보았네. 자네 생각을 듣고 싶군. 그래, 자네는 행운이 무엇이라 생각하나?"

"오늘 토론에서 많은 것을 깨달았습니다. 행운을 완전히 다른 관점에서 보게 되었습니다. 지금까지 저는 행운을 특별한 노력 없이 얻을 수 있는 것이라 생각했습니다. 하지만 노력 없이 얻을 수 있는 것은 아무것도 없다는 사실을 깨닫게 되었습니다. 행운을 내 것으로 만들기 위해서는 기회를 이용할 줄 알아야 한다는 사실도 깨달았습니다.

제게 기회가 찾아온다면 저는 그 기회를 절대 놓치지 않을 것입니다. 그 기회를 최대한 이용해서 제가 꿈꾸는 삶을 이루어 낼 것입니다."

"자네는 오늘 있었던 토론을 제대로 이해한 것 같군."

아카드는 강연장을 찬찬히 훑어보며 결론지어 말했다.

"그렇습니다. 기회를 잡은 사람에게만 행운이 찾아오는 법입니다. 잘 생각해 보십시오. 아쉬타르 여신이 선물한 기회를 초로의 상인이 놓치지 않았더라면 그는 커다란 행운을 얻었을 것입니다. 가축 상인이 그 양 떼의 값을 그날 밤에 지불했더라면 그는 커다란 이익을 남기고 양 떼를 되파는 행운을 누릴 수 있었을 것입니다.

오늘 우리는 행운을 우리 것으로 만드는 방법에 대해서 토론했습니다. 그리고 우리는 그 방법을 찾아냈습니다. 행운은 기회를 뒤따라 온다는 사실을 두 사례가 보여 주었습니다. 여기에서 우리는 한 가지 진리를 찾아낼 수 있습니다. 행운과 관련된 수많은 이야기에서 공통으로 찾아지는 교훈이기도 합니다.

'행운의 여신은 기회를 받아들인 사람에게만 미소를 지어 준다!'

더 나은 삶을 위해서 기회를 간절히 기다리는 사람들에게 행운의 여신은 찾아옵니다. 여신을 즐겁게 해 주는 사람에게 여신이 어찌 도움을 주지 않겠습니까! 행동하는 사람만이 여신의 마음을 사로잡을 수 있습니다. 당신이 꿈꾸는 성공의 길로 당신을 인도해 주는 것이 바로 행동입니다."

황금의 5가지 법칙

The Five Laws of Gold

The Richest Man in Babylon

"황금으로 가득한 무거운 자루와 지혜의 말이 새겨진 점토판, 이 중에서 선택할 수 있다면 자네들은 어느 쪽을 선택하겠나?"

햇볕에 까맣게 그을린 얼굴의 사내들이 사막에서 모닥불을 피워 놓고 밤을 보내고 있었다. 27명의 사내들이 모두 합창하듯이 대답했다.

"당연히 황금 자루죠."

칼라밥 노인은 그럴 줄 알았다는 듯이 미소 지었다.

"귀 기울여 들어 보게. 저기 들개들이 울부짖는 소리를. 저 녀석들은 굶주림에 지쳐 울부짖는 것이라네. 하지만 들개들에게 충분한 먹이를 주어 보게. 그러면 저 녀석들이 어떻게 하겠나? 지혜는 본 척도 않고 황금을 마냥 써 댈 걸세. 하지만 언젠가는 황금이 바닥날 테고 그때가 되어서야 눈물로 통곡하겠지. 사람이라는 이유로 신에게 무작정 사랑받는 것은 아니라네. 황금은 황금의 법칙을 알고 따르는 사람을 위해서만 마련되어 있다네."

칼라밥은 서늘한 밤바람이 불어오자 흰 옷으로 여윈 다리를 감쌌다. 그러곤 모닥불가에 모인 사람들을 보며 말을 이었다.

"자네들은 오랜 여행 동안 성실히 나를 도와주었네. 내 낙타들을 성심껏 보살펴 주었고, 뜨거운 사막 모래를 가로지를 때에도 불평 한 마디하지 않았네. 내 물건들을 빼앗으려는 강도들과 용감하게 싸워주었지, 그래서 나는 오늘 밤 황금의 5가지 법칙을 가르쳐 주는 것으로 자네들에게 보답하려 하네. 자네들이 전에는 듣지 못한 새로운 이야기일 거야. 바로 부자가 되는 방법이니까.

그 뜻을 올바로 헤아려서 그대로 실천한다면 자네들도 언젠가 부자가 될 수 있을 걸세."

칼라밥은 잠시 말을 멈췄다. 푸르고 검은 바빌로니아의 밤하늘에는 별들이 밝게 빛났다. 앉은 사람들 뒤로는 사막의 폭풍에 대비해 말뚝을 깊이 박아 놓은 텐트들이 서 있었다. 텐트 옆에는 가죽으로 덮은 짐 꾸러미들이 깔끔하게 정돈되어 있었다. 그 근처에는 낙타 떼가 모래 위에 누워 몇 놈들은 편안하게 되새김질하고 있었고, 다른 무리는 불협화음으로 코를 골고 있었다.

짐꾼의 우두머리가 칼라밥을 바라보며 말했다.

"칼라밥, 현명한 분이시여 우리는 당신의 지혜가 내일 당신과의 일이 끝날 때까지 우리를 인도해 주기를 바랍니다."

"나는 지금까지 이상하고 먼 나라에서 내가 겪은 모험 이야기를 했지. 그렇지만 오늘 밤에는 현명한 부자 아카드의 지혜를 들려주겠네."

짐꾼의 우두머리가 아는 척했다.

"아카드란 사람에 대해서는 귀가 닳도록 들었습니다. 바빌론 역사상 가장 부자였다고 말입니다."

칼라밥이 미소를 지으며 말했다.

"자네 말이 맞네. 그는 바빌론 역사상 가장 부자였다네. 물론 그 이전 사람들도 알았겠지만 아카드는 황금이 움직이는 길을 정확히 꿰뚫어 보았지. 아주 오래 전 젊었을 때 나는 아카드의 아들인 노마시어를 니네베에서 우연히 만났네. 그때 그는 내게 아카드의 지혜를 가르쳐 주었지. 그 지혜를 실천한 덕분에 나는 부자가 될 수 있었네. 그래서 오늘밤 자네들에게 그 지혜를 나눠 주려고 하네.

어느 날 나는 내 주인과 함께 노마시어의 집에서 밤늦도록 일을 하고 있었네. 주인을 도와서 값비싼 융단들을 집안으로 옮겼지. 노마시어가 마음에 드는 색깔을 찾아 하나하나씩 살펴보았네. 마침내 그는 흡족한 카펫을 찾았고, 우리더러 함께 앉아 향기롭고 배를 따뜻하게 하는 진귀한 포도주를 마시자고 했지.

그런 다음 노마시어는 그의 아버지 아카드가 자기를 어떻게 가르쳤는지를 자세히 이야기해 주었다네. 오늘 밤 나는 자네들에게 내가 들은 그 이야기를 해 주겠네.

바빌론에서는 자네들도 알다시피 부유한 아버지의 아들은 그 재산을 물려받을 기대를 하면서 부모와 함께 사는 것이 관습이네. 아카드는 이 관습을 인정하지 않았지. 그래서 노마시어가 성년이 되었을 때 아카드는 아들에게 이렇게 말했다고 하더군.

'아들아, 나는 네가 내 재산을 물려받았으면 한다. 하지만 네가 내 재산을 제대로 관리할 수 있을지 의문이구나. 먼저 네 능력을 증명해 보이거라. 네가 저 넓은 세상에 나가서 황금을 벌어들이면서도 주변 사람에게서 존경받는 모습을 내게 보여 주기 바란다. 나는 빈손으로 시작해서 많은 재산을 모았지만, 너에게는 2가지를 주겠다. 하나는 황금으로 채워진 주머니다. 황금 주머니는 네가 슬기롭게 사용할 경우 너를 성공의 길로 인도하는 디딤돌이 될 것이다.

다른 하나는 황금의 5가지 법칙이 새겨진 점토판이다. 이 점토판에 쓰인 법칙대로 네가 실천한다면, 어떤 일이라도 안전하게 해낼 수 있는 지혜를 갖게 될 것이다.

10년 뒤에 돌아와 이야기를 해다오. 네가 그럴 가치가 있으면 나는 너를 내 재산의 상속자로 삼겠다. 그렇지 않으면 나는 재산을 사제들에게 주어 신이 내 영혼을 보살피도록 하겠다. 나는 내 아들이 잘할 것으로 믿고 기다리겠다. 떠나거라.'

그래서 노마시어는 그날로 바빌론을 떠났지.

10년이 지나고 노마시어는 고향으로 돌아왔네. 아버지는 친구들과 친척들을 초대해 큰 잔치를 열었지. 잔치가 끝난 뒤 아카드 부부는 방

한쪽에 놓인 왕좌 부럽지 않은 호화스러운 의자에 앉았고, 노마시어는 부모 앞에 공손히 서서 아버지와 한 약속대로 그동안 겪었던 일들을 빠짐없이 고하기 시작했다.

때는 저녁이었고, 방을 어스름히 밝힌 등잔불의 심지에서 피어오른 연기로 방 안은 안개가 낀 것처럼 보였네. 흰 옷을 입은 노예들이 종려나무 잎새를 살랑살랑 흔들어 대면서 습한 공기를 몰아내고 있었다네. 노마시어의 아내와 어린 두 아들, 친척들과 친구들은 응접실에 깔아 놓은 카펫에 조용히 앉아 노마시어의 이야기에 귀를 기울였네. 노마시어는 차분한 목소리로 지난 10년을 회고하기 시작했지.

'아버지 저는 아버지의 지혜에 경의를 표합니다. 10년 전 제가 성인이 되었을 때, 아버지는 저에게 아버지의 재산을 그저 받지 말고 길을 떠나 현명하고 능력 있는 사람이 되라고 하셨습니다. 그 덕분에 저는 재물의 노예에서 벗어날 수 있었습니다.

아버지는 저에게 황금을 넉넉하게 준비해 주셨습니다. 게다가 지혜도 주셨지요. 황금에 대해서는 잘 간수하지 못했다는 점을 고백합니다. 산토끼를 처음 잡아 본 사람의 손에서 산토끼가 달아나듯이 황금은 물거품처럼 사라져버렸습니다.'

아카드는 인자한 미소를 지으면서 노마사어에게 말했다네.

'계속하거라. 네 이야기가 흥미롭구나.'

'저는 니네베로 가기로 결심했습니다. 니네베는 크고 번성한 도시였기 때문입니다. 전 거기서 기회를 발견할 것이라고 믿었습니다. 저는 사막을 건너는 대상에 합류했고 많은 친구들을 사귀었습니다. 그 중에는 바람처럼 빠르고 아름다운 백마를 가졌고, 유난히 말을 잘하고 재미있는 두 사람의 대상도 있었지요.

여행하는 동안 그들은 내게 니네베에는 너무나 빨리 달려서 한 번도 져 본 적이 없는 말을 가진 부자가 있다고 속삭였습니다. 그 부자는 그 말보다 더 빨리 달릴 수 있는 말은 없다고 믿었습니다. 그는 자신의 말이 바빌로니아의 어떤 말도 이길 수 있다는 데 큰돈을 건다고 했습니다. 하지만 두 친구는 자신들의 말에 비하면 느릿느릿 움직이는 당나귀에 불과하기 때문에 쉽게 그 부자를 이길 수 있다고 말했습니다.

그들은 나에게 호의를 베푸는 것처럼 나도 그 내기에 동참할 수 있게 해 준다고 말했습니다. 나는 이 계획에 매우 흥분했습니다. 하지만 우리의 말은 무참하게 졌고, 나는 많은 황금을 잃어버렸습니다. 나중에야 저는 이것이 속임수였다는 사실을 알게 되었습니다. 그들은 대상들과 여행하면서 저처럼 세상 물정 모르는 사람을 찾고 있었던 것입니다. 니네베에 있던 부자는 그들의 동업자였고, 내기에서 딴 돈은 나눠 가졌습니다. 저는 이 교묘한 속임수에서 한 가지를 배웠습니다. "항상 경계하라!"라는 교훈이었습니다.

두 번째 교훈 역시 쓰라린 경험 끝에 얻었습니다. 대상 중에는 저와 친한 젊은이가 있었습니다. 그는 부유한 부모님을 두었고, 저와 마찬가지로 니네베로 가고 있었습니다. 니네베에 도착하고 얼마 지나지 않아 그는 나에게 한 상인이 죽었는데, 많은 물건과 손님이 있는 그의 가게를 적은 돈에 살 수 있다고 했습니다. 우리는 동등한 동업자가 되기로 약속했습니다. 하지만 그가 투자할 돈을 가져오기 위해 바빌론에 다녀와야 하니 우선 제 돈으로 그 상점을 인수하고 나중에 그 돈을 돌려주겠다고 했습니다.

하지만 그는 오래도록 바빌론으로 가지 않았습니다. 그동안에 보니 그는 물건을 잘 사지도 못했고, 돈도 어리석게 쓰는 사람이었습니다. 저는 마침내 그와 헤어졌지만, 사업은 이미 악화되어 가게에는 잘 팔리지 않는 물건만 남았고, 다른 물건을 살 돈도 없었습니다. 저는 그 상점을 유대인에게 헐값에 넘기는 수밖에 없었습니다.

그 뒤 저는 그야말로 비참한 나날을 보내야 했습니다. 저는 일할 곳을 찾았지만 그 역시 쉽지 않았습니다. 그때까지 돈을 벌어 본 적도 없고 장사를 해 본 적도 없는 사람을 누가 고용하려 하겠습니까. 저는 말과 노예를 팔았습니다. 여분의 옷도 팔았지요. 당장 먹을 곳과 잠잘 곳이 필요했으니까요. 하지만 사정은 조금도 나아지지 않았습니다. 시간이 흐를수록 제 생활은 궁핍해질 뿐이었습니다.

저는 그 비참한 날들을 겪으면서 아버지가 저를 믿어 주심을 기억했습니다. 아버지는 제가 사나이가 되기를 바라셔서 길을 나서게 하셨고, 그래서 저는 꼭 그렇게 되기로 결심했습니다.'

그가 말을 계속하는 도중, 그의 어머니는 손에 얼굴을 묻고 조용히 흐느꼈지.

'이때 저는 아버지가 황금의 다섯 가지 법칙을 새겨 저에게 주신 점토판을 생각해 냈습니다. 저는 점토판에 새겨진 지혜의 말씀을 주의 깊게 읽었습니다. 진작에 그 점토판을 읽었다면 돈을 그처럼 허망하게 잃지 않았을 것이라는 사실을 깨달았습니다. 저는 5가지 법칙을 글자 하나까지 제 가슴에 새겼습니다. 행운의 여신이 다시 제가 미소를 지어 준다면 결코 실패하지 않았을 것이라는 자신감이 생겼습니다.

오늘 밤 이 자리에 계신 여러분들을 위해 저는 10년 전 아버지께서 점토판에 새겨 주신 황금의 다섯 가지 법칙을 알려 드릴까 합니다.

황금의 다섯 가지 법칙

1. 황금은 소득의 10분의 1보다 적지 않은 돈을 따로 떼어 자신과 가족의 미래를 위한 재산으로 모으는 모든 사람에게 기꺼이, 그리고 점점 큰 액수로 온다.
2. 황금은 그것을 수익이 되는 일에 사용하는 현명한 주인을 위해 부지런하게, 그리고 만족스럽게 일하여 들판의 양 떼처럼 번식한다.
3. 지혜와 경험을 갖춘 사람의 조언을 받아 황금을 투자하는 신중한 사람만이 황금을 지킬 수 있다.
4. 본인이 잘 알지 못하는 분야나, 경험 있는 사람이 추천하지

않는 분야에 투자하는 사람은 황금을 지킬 수 없다.
5. 황금은 그것으로 불가능한 소득을 내려는 사람, 사기꾼의 조언에 유혹되는 사람, 자신의 미숙함이나 낭만적인 소망에 맡기는 사람을 떠난다.

이것이 아버지께서 주신 황금의 다섯 가지 법칙입니다. 황금보다 훨씬 큰 가치가 담긴 지혜의 말씀이었습니다. 제가 가난과 비참함의 나락으로 떨어졌던 것은 제 미숙함 때문이었습니다. 하지만 끝나지 않는 재앙은 없는 법입니다. 저는 니베네 성 밖에서 일하는 노예들을 관리하는 일자리를 어렵게 구할 수 있었습니다.

황금의 첫 번째 법칙에서 배운 대로 저는 첫 봉급에서 동화 한 낭을 저축했습니다. 그것이 은화 한 낭이 될 때까지 기회가 되는 대로 저축했지요. 먹고 살아야 했기 때문에 저축하는 일은 그리 쉽지만은 않았습니다. 이를 악물고 돈을 절약했습니다. 10년이 끝나기 전에 아버지가 제게 주신 만큼의 황금을 벌겠다고 굳게 결심했기 때문입니다.

어느 날 저와 꽤 친한 노예 감독관이 저에게 말했습니다.

'당신은 번 돈을 마구 쓰지 않고 절약하는 젊은이요. 혹시 투자하지 않고 그냥 가지고 있는 돈이 있소?'

제가 대답했습니다.

'그렇소. 아버지가 주셨지만 내가 잃어버린 돈만큼 황금을 모으는 것이 내 가장 큰 바람이오.'

'가치 있는 목표라고 인정해야겠군. 당신은 저축한 황금이 당신을 위해 일해 더 많은 황금을 벌어들일 수 있다는 사실을 아시오?'

'아아! 나의 경험은 비참한 것이었소. 내 아버지의 황금은 나에게서 달아나 버렸소. 나는 내가 번 돈도 그렇게 될까 봐 두렵소.'

'당신이 나를 믿는다면 황금을 수익성 있게 굴리는 방법을 알려 주겠소. 앞으로 1년 내에 외성이 완성되면 적으로부터 도시를 보호하기 위한 청동문을 세워야 할 것이오. 그런데 니네베에는 성문을 만들 청동이 충분하지 않고 성주는 청동을 확보할 생각조차 하지 않고 있소. 내 계획은 이렇소. 뜻이 맞는 사람들끼리 돈을 모아서 구리 광산과 주석 광산에 대상을 보내 성문을 세울 때 필요한 청동을 니네베까지 가져 오게 하는 거요. 그렇게 한다면 성주가 성문을 만들려 할 때 우리만 청동을 공급할 수 있기 때문에 높은 값에 팔 수 있을 것이오. 설령 성주가 청동을 사지 않더라도 우리는 적정한 가격에 청동을 다른 사람에게 팔 수 있소.'

노예 감독관의 제안은 황금의 제3 법칙에 딱 들어맞는 것이었습니다. 그래서 저도 힘겹게 모은 돈을 모두 투자했습니다. 계획대로 모든 일이 착착 진행되었고, 저는 상당한 돈을 회수할 수 있었습니다.

저는 노예 감독관의 무리의 일원이 되어 다른 사업에도 투자하였습니다. 그들은 황금을 수익성 있게 굴리는 현명한 사람들이었습니다. 그들은 투자에 뛰어들기 전에 계획을 매우 신중하게 수립했습니다. 원금을 잃어버릴 위험한 선택을 하지 않았고, 황금을 되찾을 수 없는 투자에도 손대지 않았습니다. 그들은 제가 했던 경마 내기나 미숙한 동업 사업 같은 어리석은 것들에는 신경도 쓰지 않았습니다. 게다가 그들은 자신들의 취약한 점이 무엇인지도 정확히 알고 있었습니다.

이들과 교류하면서 저는 황금을 안전하게 투자하여 수익을 얻는 법을 배울 수 있었습니다. 세월이 흐르면서 제 재산은 점점 빠르게 늘어 갔습니다. 저는 잃어버린 액수를 되찾았을 뿐만 아니라 그 보다 더 많이 벌었습니다.

불행과 시련과 성공을 통해 저는 황금의 다섯 가지 법칙의 지혜를 다시 한번 시험했고, 모든 시험에서 그 법칙은 진실임을 증명했습니다. 다섯 가지 법칙을 모르는 사람이 어떻게 돈을 벌 수 있겠습니까. 설령 황금을 모으더라도 눈 깜짝할 사이에 사라지고 말 것입니다. 하지만 황금의 다섯 가지 법칙에 충실한 사람은 돈을 모으게 마련입니다. 게다가 그 돈이 충실한 노예처럼 다른 돈을 벌어 줍니다.'

노마시어는 말을 멈추고 방 뒤쪽에 있는 노예에게 손짓을 했지. 그 노예는 한 번에 하나씩 세 개의 무거운 가죽 자루를 앞으로 들고 나왔어. 노마시어는 그중 하나를 집어 아버지의 앞에 놓고 말했다더군.

'아버지는 제게 바빌론 황금이 든 자루를 주셨습니다. 아버지께 똑같은 무게의 니네베 황금으로 돌려드리겠습니다.'

그러곤 노마시어는 2개의 황금 주머니를 아카드 앞에 옮겨 놓으며 말했네.

'아버지는 제게 지혜의 말이 새겨진 점토판을 주셨습니다. 그 값으로 황금 두 부대를 드리겠습니다. 황금보다 지혜가 더 값지다고 생각하기 때문입니다. 지혜의 가치를 어찌 황금으로 환산할 수 있겠습니까? 지혜가 없다면 황금은 순식간에 사라져 버립니다. 하지만 지혜가 있다면 맨손으로 황금을 벌어들일 수 있습니다. 이 세 개의 황금 자루가 증명하듯이 말입니다.

제가 오늘 아버지 앞에 떳떳하게 설 수 있는 것이나, 제가 부자가 되어 사람들에게 존경을 받는 것은 모두 지혜 덕분이었습니다.'

아버지는 다정하게 노마시어의 머리에 손을 얹었지.

'네가 돈의 이치를 깨달았구나. 정말 기쁘다. 내 재산을 물려줄 아들을 두어 참으로 행복하다.'"

칼라밥은 이야기를 마치고 젊은 친구들에게 눈길을 돌리며 물었다.

"노마시어의 이야기가 무엇을 의미하는지 이해하겠나? 여러분 중 아버지나 장인에게 가서 돈을 벌었다고 떳떳하게 말할 사람이 있는가? 만약 자네들이 '그동안 많은 곳을 여행하며 여러 가지를 배웠고 열심히 일해서 돈도 꽤 많이 벌었습니다. 하지만 슬프게도 황금은 거의 갖고 있지 않았습니다. 현명하게 쓴 돈도 있지만 일부는 어리석게 돈을 낭비하고 말았습니다. 엉뚱한 곳에 투자해서 돈을 많이 잃었습니다'라고 말한다면 그분들이 무엇이라고 말하겠나?

아직도 부자와 가난한 사람의 차이가 변덕스러운 운명 때문이라고 생각하는가? 그렇다면 틀렸네.

사람은 황금의 다섯 가지 법칙을 알고 지킬 때 많은 황금을 지닐 수 있다네.

나는 어릴 때 다섯 법칙을 배우고 지켰기 때문에 부유한 상인이 되었어. 어떤 이상한 마술로 부를 모은 것이 아니라네.

갑자기 굴러 들어온 부는 순식간에 사라지는 법일세.

지속해서 배우고 노력해서 번 돈만이 자네들의 행복과 즐거움을 끝까지 지켜 주는 재산으로 키워질 수 있는 법이라네.

돈을 번다는 것은 생각하는 사람이 짊어지는 가벼운 짐에 불과하다네. 한 해 한 해 꾸준히 그 짐을 짊어질 꿈에서나 그리던 목표를 달성할 수 있을 걸세.

황금의 다섯 가지 법칙은 그것을 지킨 사람에게 반드시 보상을 해 주네. 이들 다섯 법칙은 각각 많은 의미를 지니고 있어. 내 짧은 이야기에서 그 뜻을 간략하게 말해 주었지만, 그것들을 간과하지 않도록 다시 한번 되풀이하고 싶구먼. 나는 다섯 가지 법칙을 가슴에 새기고 살았네. 그 뜻을 완벽하게 이해할 때까지 읽고 또 읽으면서 내 것으로 만들었다네."

황금의 첫 번째 법칙

황금은 소득의 10분의 1보다 적지 않은 돈을 따로 떼어 자신과 가족의 미래를 위한 재산으로 모으는 모든 사람에게 기꺼이, 그리고 점점 큰 액수로 온다.

"소득의 10분의 1을 꾸준히 저축하여 그것을 현명하게 투자하는 사람은 누구라도 확실히 가치 있는 재산을 만들 수 있다. 이 재산은 미래에 수입을 제공하고 자신이 신의 부름을 받고 어두움의 세계로 갈 때 가족의 안전을 보장해 줄 것이네. 수입의 10분의 1 이상을 꾸준히 저축하는 사람에게 기꺼이 돈은 찾아오는 법이네. 돈이 많을수록 돈이 급속도로 모이는데, 이는 돈이 돈을 낳기 때문이라네."

황금의 두 번째 법칙

황금은 그것을 수익이 되는 일에 사용하는 현명한 주인을 위해 부지런하게, 그리고 만족스럽게 일하여 들판의 양 떼처럼 번식한다.

"황금은 참으로 기꺼이 일하는 일꾼이네. 그것은 항상 기회가 될 때마다 증식을 하려고 열심이지. 황금을 모아 놓은 모든 사람에게 그것을 가장 수익성 있게 활용할 수 있는 기회가 오게 마련이지. 세월이 지나는 동안 그것은 놀라운 방식으로 증식하네."

황금의 세 번째 법칙

지혜와 경험을 갖춘 사람의 조언을 받아 황금을 투자하는 신중한 사람만이 황금을 지킬 수 있다.

"황금은 신중한 주인에게 매달린다네. 부주의한 주인에게서는 달아나 버리지. 황금을 현명하게 다루는 사람의 조언을 구하는 이는 자신의 보물을 위험하게 하지 않고 안전하게 지키고 점점 늘어나는 금액을 만족해하며 즐기는 방법을 배우지."

황금의 네 번째 법칙

본인이 잘 알지 못하는 분야나, 경험 있는 사람이 추천하지 않는 분야에 투자하는 사람은 황금을 지킬 수 없다.

"황금을 가지고 있지만 그것을 굴리는 방법을 모르는 사람은 언뜻 생각하면 돈벌이가 될 만한 사업도 일단 시작하면 낭패를 보기 십상이다. 경험과 식견이 많은 사람들이 면밀하게 분석해야 실낱같은 가능성을 보장받을 수 있다네. 따라서 자신의 판단을 믿고 생소한 사업에 투자한다면 결과가 어찌 되겠는가? 황금의 길을 잘 아는 능숙한 사람의 조언을 듣고 투자하는 이가 진정 현명한 사람일세."

황금의 다섯 번째 법칙

황금은 그것으로 불가능한 소득을 내려는 사람, 사기꾼의 조언에 유혹되는 사람, 자신의 미숙함이나 낭만적인 소망에 그것을 맡기는 사람을 떠난다.

"환상적인 이야기로 가득한 모험 소설의 주인공은 언제나 황금을 획득하고 하루아침에 부자가 되지. 그러나 이런 이야기는 소설에나 나오는 것으로 현실은 전혀 다르다네. 현명한 사람들의 말에 귀를 기울이게. 그들은 갑자기 큰 부를 얻을 수 있는 모든 계획에는 위험이 도사린다는 사실을 잘 알고 있다네. 원금을 잃을 가능성이나 이익이 없는 투자는 시도하지 않는 니네베의 부자를 잊지 말게."

"이것으로 황금의 다섯 가지 법칙에 대한 나의 이야기는 끝났네. 다섯 가지 법칙은 비밀이 아니라 매일 먹을 음식을 걱정해야 하는 비천한 삶에서 벗어나고자 하는 사람은 누구나 배우고 따라야 하는 진실일세.

내일 우리는 바빌론으로 들어가네. 보게! 벨 신전 위로 영원히 타오르는 저 불을! 우리는 이미 황금의 도시를 보고 있네. 내일, 자네들은 그대들의 땀과 지혜로 얻은 황금을 가질 것이네. 10년 뒤 자네들은 이 황금에 대해 무엇을 말할 수 있겠는가?

자네들 중에 노마시어 같이 황금의 일부를 이용하여 재산 모으기를 시작하고 아카드의 지혜로써 현명하게 인도되는 사람이 있다면, 10년 뒤에는 분명 아카드의 아들처럼 부자가 되어 사람들의 존경을 받을 걸세.

 우리의 현명한 행동은 평생 우리와 함께하며 우리를 기쁘게 하고 돕기도 하네. 이와 마찬가지로 현명하지 못한 행동은 따라다니며 우리를 괴롭히네. 수많은 기회가 찾아왔지만 우리는 어떻게 했나? 기회를 놓쳐 버리고 뒤늦게 피눈물을 흘리며 후회하지 않았는가?

 바빌론에는 보물은 풍부하다네. 돈이 넘쳐 흘러서 아무도 그 가치를 금화로 매길 수 없다네. 매년 더욱 부유해지고 풍요로워지는 곳이 바빌론이라네. 노력한 만큼 보상이 따르는 곳이지. 뚜렷한 목적의식을 갖고 열심히 일하면서 기회를 기다리는 사람에게는 풍성한 보상을 해 주는 땅이 바빌론이라네.

 그대들의 강한 욕구에는 마법 같은 힘이 있네. 이 힘을 황금의 다섯 가지 법칙의 지식으로 안내하게. 그러면 바빌론의 보물을 공유하게 될 것이네."

바빌론의 대부업자

The Gold Lender of Babylon

The Richest Man in Babylon

금화 50냥! 바빌론에서 창을 만드는 로단은 일찍이 자신의 가죽 전대에 이렇게 많은 황금을 가져 본 적이 없었다. 그는 궁전에서 뻗어 나온 왕의 도로를 행복하게 걷고 있었다. 발걸음을 내디딜 때마다 허리띠에 달린 전대에서 경쾌하게 짤랑거리는 소리가 났다. 그가 이제껏 들어 본 가장 감미로운 음악이었다.

금화 50냥이 모두 그의 것이었다. 그는 자신의 행운을 믿을 수 없었다. 동글납작한 금화는 얼마나 많은 힘을 갖고 있는지! 그것은 그가 원하는 모든 것, 큰 집, 땅, 소, 낙타, 말, 마차, 무엇이든 살 수 있게 해 준다.

이 돈을 어떻게 써야 할까? 누이의 집으로 향하는 골목으로 들어서면서 그는 반짝이는 금화를 영원히 자신의 것으로 소유하고 싶다는 생각 외에는 아무것도 할 수 없었다.

며칠 뒤 로단은 고민스러워 하며 황금대부업자이자 보석과 진귀한 피륙을 취급하는 매손의 가게로 들어섰다. 로단은 다양한 장식품에 눈길조차 주지 않고 곧바로 가게 안쪽에 있는 방으로 들어갔다.

매손이 카펫에 앉아 노예가 차려 준 식사를 즐기고 있는 중이었다.

"어떻게 해야 할지 몰라 당신께 상의하러 왔습니다."

로단은 두 발을 벌리고 단호하게 서 있었다.

매손은 로단에게 인사를 건네며 물었다.

"무슨 경솔한 행동을 했기에 나를 찾아왔나? 도박판에서 운이 없었나? 아니면 어떤 여자와 엮이게 되었나? 내 자네를 수년 동안 알아 왔지만 자네가 도움을 청하러 나에게 온 적은 한 번도 없었네."

"그런 것이 아닙니다. 저는 돈을 빌리러 오지 않았습니다. 저는 그저 어르신의 현명한 조언을 바랄 뿐입니다."

"무슨 말을 하는 겐가. 나 같은 대부업자에게 무슨 조언을 듣겠다는 건가? 혹시 내가 잘못 들은 것은 아니겠지?"

"제대로 들으신 겁니다."

"대체 무슨 일인가? 나에게 돈이 아니라 조언을 구하러 오다니……. 하긴 곤경에 빠진 사람에게 대부업자보다 적당한 조언을 해 줄 사람이 어디 있겠나. 로단, 잘 찾아왔네. 나와 식사를 함께하며 이야기를 나누어 보세. 오늘 저녁 자네는 내 손님일세."

매손이 노예를 불렀다.

"내 손님인 로단에게도 카펫을 깔아 주게. 내게 조언을 청하로 오신 손님이시네. 그를 위한 음식을 준비하고, 내 집에 있는 가장 훌륭한 포도주를 가지고 오도록 하게."

매손은 로단에게 고개를 돌리며 말했다.

"그래, 자네를 괴롭히는 문제가 뭔가?"

"왕의 선물입니다."

"왕의 선물? 왕이 자네에게 선물을 했고, 그것이 자네를 괴롭힌다고? 어떤 선물이기에?"

"왕은 제가 디자인한 근위대의 창을 보시고는 매우 흡족하셨던 모양입니다. 제게 금화를 무려 50냥이나 하사하셨으니까요. 저는 그 금화를 어떻게 처리해야 할지 잘 모르겠습니다. 게다가 제가 왕에게 커다란 선물을 받았다는 소문을 들은 온갖 사람이 찾아와 그것을 나눠 달라고 졸라 댑니다."

"당연하지! 원래 인간은 그런 동물이라네. 누군가 쉽게 돈을 얻었다는 소식이 돌면 그 사람에게 돈을 뜯어내려는 심보가 인간의 본성이라네. 하지만 자네는 의지가 강하니 쉽게 거절할 수 있을 거야."

"웬만한 사람의 부탁은 거절했습니다만 거절하기 어려운 경우도 있었습니다. 더구나 그동안 저를 정성스럽게 돌보아 준 누이의 부탁을 어찌 거절할 수 있겠습니까?"

"피를 나눈 누이라면 자네가 땀 흘려 노력한 대가를 빼앗고 싶어

하지는 않을 텐데."

"매형 때문입니다. 남편의 사업 밑천을 만들어 주고 싶어서 제게 도움을 청한 것입니다. 누이는 매형이 그동안 운이 없어서 실패를 거듭했다며 저에게 그 돈을 빌려달라고 호소하고 있습니다. 그가 성공하면 이자까지 붙여서 꼭 갚겠다고요."

매손이 심각한 목소리로 말했다.

"로단 나를 잘 찾아왔네. 우리 심각하게 따져 보세나. 황금은 그 주인에게 무한한 책임을 요구하네. 이웃과의 관계를 바꾸어 놓기도 하지. 잃어버리지는 않을까, 사기를 당하지나 않을까 하는 걱정거리를 안겨 주는 것은 물론이고. 물론 뿌듯함과 어떤 일도 해낼 수 있다는 자신감이 생기기도 한다네.

자네 혹시 동물들의 언어를 이해할 수 있다는 니네베 농부의 이야기를 들어 본 적 있나? 일반인들이 흔히 나누는 그런 대화가 아닐세. 돈을 빌려주고 돌려받는 일은 우리가 생각하는 것처럼 그리 간단하지 않다는 교훈이 담긴 이야기일세.

니네베에는 동물의 언어를 알아듣는 농부가 살고 있었어. 이 농부는 매일 저녁 마당에 나와 서성이며 동물들의 말을 들었네. 어느 저녁, 황소가 당나귀에게 자신의 신세를 한탄했다네.

'나는 아침부터 밤까지 쟁기를 끌어. 날씨가 더워도, 내 다리가 지쳐도, 멍에가 내 목을 쓸어도 나는 일해야만 해. 하지만 자네는 정말 행복해 보이는구먼. 항상 편히 쉬고 있는 것 같아. 게다가 자네는 알

록달록한 담요를 몸을 감싸고 주인이 원하는 곳까지 태워 주기만 하면 되지 않는가. 주인이 외출하지 않는 날이면 온종일 쉬면서 풀을 뜯어 먹을 수도 있고.'

착한 심성의 당나귀는 황소의 처지를 딱하게 여기며 말했지.

'자네는 정말 열심히 일하지. 내가 자네의 일을 조금 덜 방법을 알려 줄게. 그러면 자네도 조금은 쉴 수 있을 테니까. 아침에 노예들이 자네를 밭으로 데리고 나가려 할 때, 땅바닥에 드러누워 끙끙거리게. 그럼 노예들은 자네가 아픈 줄 알고 일을 시키지 않을 거야.'

황소는 당나귀의 충고를 따랐고. 노예는 농부에게 돌아가 황소가 아파 쟁기를 끌 수 없다고 말했네.

농부가 대합했네.

'그러면 당나귀를 끌어다 쟁기에 매라. 쟁기질은 계속해야 하니까.'

친구를 도우려고 했던 당나귀는 그날 온종일 황소의 일을 대신할 수밖에 없었네. 밤이 와서 밭갈이가 끝났을 때 당나귀는 가슴이 터질 것만 같았다네. 네 다리가 후들거리면서 걷기도 힘들었고 멍에 때문에 목살이 쓸려 따끔거렸지.

그날 밤에도 농부는 마당을 서성이며 그들의 대화를 엿들었네.

황소가 먼저 말했네.

'정말 고마웠네. 자네의 현명한 충고 덕분에 나는 하루를 쉴 수 있었어.'

당나귀가 퉁명스럽게 대답했지.

'고마워할 거 없네. 자네를 도우려는 순수한 마음에서 시작한 거니까. 자네를 대신해서 밭을 가느라 힘들었지만. 내일부터는 자네가 다시 밭을 갈도록 하게. 자네가 다시 아프면 푸주한에게 데려 가라고 주인이 노예에게 말하더군.'

그 뒤로 그들은 더는 말을 하지 않았네. 그렇게 그들의 우정은 끝나 버렸지. 이 이야기가 주는 교훈이 뭔지 알겠나, 로단?"

"좋은 이야기군요. 하지만 교훈은 잘 모르겠어요."

"어렵지 않네. 조금만 생각해 보면 아주 간단한 것이네. '당신이 친구를 돕고 싶다면, 친구의 짐까지 대신 짊어지지는 마라!'는 것이네."

"전혀 생각하지도 못한 교훈이군요. 저는 매형의 짐을 떠맡고 싶지 않습니다. 선생님 부디 말해 주십시오. 당신은 많은 사람들에게 돈을 빌려줍니다. 그런데 돈을 꾸어 간 사람들이 돈을 잘 갚습니까?"

매손은 미소를 지었다. 세월의 연륜을 느끼는 사람만이 지을 수 있는 미소였다.

"사람들이 빌려 간 돈을 갚지 않는다면 내가 이 사업을 어찌 계속할 수 있겠나? 대부업자는 정확하고 신속하게 판단해야만 하네. 내게 돈을 빌려 가는 사람이 내 돈을 어떻게 쓸 것인지. 빌려 간 돈을 제때 갚을 수 있을지, 괜히 그 사람을 빚더미에 앉히는 것은 아닌지 등을 신중하게 판단해야 하네. 내게 돈을 빌려 간 사람들에게 받은 담보물을 자네에게 보여 주겠네. 그 담보물들을 보고 곰곰이 생각해 보게."

매손은 붉은 돼지가죽으로 덮이고 청동 장식이 되어 있는 나무 상자를 들고 나왔다. 그는 상자를 바닥에 내려놓고 그 앞에 쪼그리고 앉아 덮개 위에 두 손을 올려놓으며 말했다.

"나는 돈을 빌려주는 사람들에게서 담보물을 받아 그들이 돈을 갚을 때까지 담보물 상자에 보관한다네. 돈을 갚으면 되돌려주지. 이 담보물을 하나씩 살펴볼 때마다 신뢰를 저버린 사람들의 얼굴을 떠올리게 되네. 가장 안전하게 돈을 빌려주는 방법이 무엇이라고 생각하나? 내가 빌려주려는 돈보다 훨씬 값어치 있는 물건을 담보로 잡는 걸세. 땅이나 보석이나 낙타를 담보로 잡으면 된다네. 팔아서 내 돈을 회수할 수 있는 것이라면 어떤 것이라도 괜찮네. 돈을 갚지 못할 경우 부동산 권리를 내게 넘기겠다는 약정서를 써 주는 사람도 적지 않네. 이처럼 담보물을 확실히 잡아 놓고 돈을 빌려주어야 원금은 물론이고 이자까지 보장받을 수 있지 않겠나? 이처럼 재산을 담보로 돈을 빌려주는 경우가 있는 반면 돈 버는 능력을 담보로 잡는 사람도 있네. 바로 자네처럼 안정적인 직업을 갖고 일하는 사람들에게 돈을 빌려줄 때 사용하는 방법일세. 그들에게는 일정한 수입이 있네. 그들이 정직하고 열심히 일하는 사람이라면, 내가 빌려간 돈만 아니라 내게 약속한 이자까지 갚을 수 있을 테니까 그들에게는 아무런 걱정 없이 돈을 빌려준다네. 재산도 돈 버는 능력도 없는 사람에게는 어떻게 할까? 인생이란 고달픈 것이네. 세상에 적응하지 못하고 궁핍하게 살아가는 사람들은 어디에나 있는 법이지. 그렇다고 그 사람들에게 어찌 돈을 안 빌려주겠나. 이런 경우에는 그 사람을 신용하는 친구들에게 보증을 받는다네. 그렇게 하지 않으면 푼돈을 빌려주었다 하더라도 내게는 그만큼 손해가 아니겠나!"

이렇게 말하며 매손은 나무 상자의 걸쇠를 풀고 덮개를 열었다. 로단은 몹시 궁금해하며 얼굴을 내밀어 상자 안을 들여다보았다.

진홍색 천 위에 청동 목걸이가 놓여 있었다.

"이 목걸이는 영원히 이 상자를 떠나지 못할걸세. 그 주인이 벌써 세상을 떠났으니까. 나는 이 목걸이를 소중히 간직할걸세. 그에 대한 기억까지도 말일세. 그는 내게 너무나 소중한 친구였으니까. 우리는 성공적으로 장사를 하고 있었네. 돈도 꽤 많이 벌었었지. 그런데 그 친구가 동방에서 한 여자를 데려와 결혼을 하겠다고 하더군. 눈부시게 아름다웠지만 우리나라 여자와는 상당히 달랐네. 내 친구는 그녀를 위해서라면 돈을 아끼지 않았지. 결국 돈이 바닥나자 나를 찾아와 도움을 청했다네. 내 목숨보다 더 소중한 친구를 어찌 모른 척할 수 있었겠나. 그 여자를 정리하고 다시 정신을 차리고 일을 한다면 물심양면으로 돕겠다고 약속했네. 하지만 그렇게 되지 않았지. 말다툼 끝에 그녀는 내 친구의 심장을 칼로 찔렀고 내 친구는 그 자리에서 숨을 거두고 말았으니."

로단이 물었다.

"그럼 그 여자는 어떻게 되었나요?"

"그 여자도 지금은 이 세상 사람이 아닐세. 이것이 그 여자의 유품이라네."

매손은 이렇게 말하며 진홍색 천을 꺼내 들었다.

"깊은 회한에 싸인 여자는 가책을 이기지 못하고 유프라테스강에 몸을 던졌네. 결국 이 물건을 잡고 빌려준 돈은 받을 수 없게 되었지. 로단, 이 담보물에서 무엇을 깨달았나? 꼭 기억하게나. 심한 갈등에 빠진 사람에게는 절대 돈을 빌려주어서는 안 된다는 사실을."

말을 끝내며 매손은 상자에서 소뼈를 조각해 만든 반지를 집었다.

"이걸 좀 보게나. 이 반지는 어떤 농부의 것이라네. 자네와 내가 깔고 앉아 있는 카펫은 그 농부의 아내에게서 산 것이라네. 오래 전 메뚜기떼가 그들의 밭을 폐허로 만들었다네. 그들에게는 먹을 것조차 남아 있지 않아서 내가 도움을 주었네. 다시 농작물을 심어서 내게 갚으면 되니까. 어느 날 농부가 찾아와서는 여행자에게 들었다며 다른 나라에 이상한 염소가 있다는 소문에 관해 말해 주었네. 그 염소는 털이 길고 부드러워서 카펫을 짜기에 그만이라며, 바빌론에서 보던 것과는 비교가 되지 않을 정도로 아름다운 카펫을 짤 수 있다고 하였지. 그는 그 염소를 키우고 싶었지만 돈이 없었네. 내가 돈을 빌려주었고 그는 그 나라로 가서 염소를 사 와 지금 열심히 키우고 있네. 아마 내년쯤이면 깜짝 놀랄 일이 벌어질 걸세. 바빌론에서 지금껏 보지 못한 카펫이 생산되어 부자들이 앞다투어 살 테니까. 그럼 나도 이 반지를 돌려줘야 하겠지. 그는 하루빨리 돈을 갚겠다고 말하고 있다네."

로단이 다시 물었다.

"그런 사람에게 돈을 빌려줘야겠군요?"

"그렇지. 뚜렷한 목적을 갖은 사람에게는 돈을 떼일 염려가 거의 없네. 하지만 아무런 계획도 없이 돈을 빌리는 사람은 주의해야만 하지. 비록 그 사람이 제때 돈을 갚더라도 경계심을 늦추면 안 된다네."

로단은 고개를 끄덕이는 것으로 대답을 대신했다. 그러곤 보석을 박아 넣은 금팔찌를 나무 상자에서 꺼내 들며 매숀에게 물었다.

"이 팔찌에도 남모르는 사연이 있나요?"

"자네는 여자들에게 관심이 많은가보군."

"그야 선생님보다 훨씬 젊으니까요."

"하하, 인정하겠네. 하지만 자네 생각처럼 낭만적인 이야기는 아닐세. 그 팔찌의 주인은 뚱뚱한 노파라네. 그녀는 말이 너무 많아 날 미치게 만들었다네. 그 노파도 한때 떵떵거리고 살던 부자였지만 악운이 계속 덮치면서 파산 지경에 이르렀지. 그녀에게는 아들이 있었는데, 아들을 상인으로 만들고 싶어 했어. 그래서 내게 돈을 빌려 아들에게 장사 밑천으로 주었네. 아들은 낙타에 물건을 싣고 이 도시에서 저 도시로 돌아다니는 대상과 동업을 했다네. 그런데 그 대상이 고약한 악당이었지. 아들이 잠든 사이에 모든 물건을 싣고 도망쳐 버렸네. 그 아들은 머나먼 타국 땅에서 빈털터리가 되고 말았고. 노파는 아들이 성장하면 돈을 갚을 거라고 말했지만 그 말을 어찌 믿을 수 있겠나. 하지만 이 금팔찌가 빌려준 돈만큼의 가치가 있으니 걱정할 필요는 없다네."

"이 부인은 선생님께 조언을 구하지 않았나요?"

"자네 말과는 정반대로 굴더구먼. 자기 아들이 바빌론에서 가장 현명한 줄 알고 있었지. 내가 조금이라도 그녀의 뜻에 반하는 이야기를 하면 불같이 화를 내었다네. 이런 사람에게 내가 무슨 조언을 할 수 있겠나. 세상 물정 모르는 아들에게 당연히 위험이 닥치겠지만 노파가 확실한 담보물을 제공했기 때문에 돈을 안 빌려줄 이유가 없었네."

매손은 나무 상자에서 매듭이 근사한 매듭을 꺼내면서 말했다.

"이것은 네바터의 것이네. 낙타를 사야 하는데 돈이 부족하다며 그 매듭을 가지고 찾아왔더군. 그래서 그가 필요한 만큼 빌려주었네. 그는 믿을 수 있는 장사꾼이고 나는 네바터의 판단력을 믿기 때문에, 별 가치도 없는 이 매듭을 담보로 큰돈을 그에게 빌려주었네. 바빌론에는 네바터 말고도 믿을 만한 장사꾼이 많다네. 그에게는 담보를 잡을 필요가 없지만 그래도 형식은 갖춰야겠지. 약속한 날짜에 어김없이 돈을 갚으니 어찌 신뢰하지 않을 수 있겠나. 훌륭한 장사꾼들은 우리 도시의 자산이고, 그들이 번창해야 바빌론도 번영할 수 있네. 그 틈에서 나도 수익을 남길 수 있고."

매손은 터키석으로 조각한 딱정벌레를 상자에서 꺼내며 말했다.

"이집트에서 건너온 벌레야. 이 딱정벌레의 주인에게 손을 회수할 생각은 벌써 오래전에 포기했다네. 그 사나에게 돈을 갚으라고 할 때마다 '불운이 계속해서 반복되는데 돈을 어떻게 갚으란 말이오? 돈도 많은 사람이 대체 왜 그래요?'라고 오히려 나에게 큰소리를 친다네.

그런 사람에게 어떻게 하겠는가? 이 담보물도 원래는 그 사내의 아버지 것이었네. 재산이 적잖이 있어 아들 사업을 돕겠다고 땅과 가축을 모두 담보로 내주었던 딱하고 가련한 아버지였지. 그 사내도 처음에는 그런대로 성공했었네. 하지만 지나치다 싶을 정도로 욕심을 내더군. 식견과 경험이 없는 미숙한 상태에서 섣불리 큰 사업을 벌이다가 파산하고 말았다네. 젊은 사람들은 너무 성급하네. 야망이 너무 커서 그럴까? 부자가 되기 위해 지름길을 찾으려 하고 분별없이 돈을 빌리기도 하지. 무모한 빚은 우리를 절망의 나락으로 빠뜨리는 원인이 된다네. 빚의 수렁에서 벗어나려 발버둥을 치지만 그 수렁을 벗어나기가 결코 쉽지 않다네. 낮에도 짙은 구름에 가려서 햇빛을 볼 수 없고, 밤에도 끝없는 고뇌로 잠자리를 설쳐야 하는 슬픔과 회환이 바로 빚에서 시작되는 것이네. 젊은이는 사업을 해서는 안 된다는 말이 아니네. 나는 오히려 젊은 사람들에게 돈을 빌려서라도 사업을 시작하라고 권한다네. 다만 뚜렷한 목표와 신중한 계획을 가지고 사업을 해야 망하지 않는다고 말하지. 나도 처음부터 돈을 쌓아 두고 시작한 것은 아니네. 나 역시 처음에는 돈을 빌려서 시작한 장사꾼에 불과했지. 아버지 재산을 저당 잡혀 사업을 시작한 아들이 파산했을 때 대부업자는 어떻게 해야겠나? 지금 그 아들은 낙담만 한 채 돈을 갚으려는 어떠한 노력도 하고 있지 않으니. 내가 몰인정하게 아버지의 땅과 가축을 처분해야 할까? 하지만 그 아버지는 무슨 잘못이란 말인가?"

그때 로단이 불쑥 끼어들었다.

"너무 재미있게 들었습니다. 하지만 어르신은 제 질문에는 아직 대답하지 않으셨습니다. 제 매형에게 돈을 빌려줘야 할까요? 제게는 너무나도 중요한 문제입니다."

"자네의 누이는 흠잡을 데 없는 훌륭한 여인이지. 하지만 그 남편이 내게 와서 금화 50냥을 빌려달라고 한다면 나는 그 돈을 어디에 사용하려 하느냐고 물어볼 걸세. 나처럼 고급 가구를 취급하는 장사꾼이 되겠다고 대답한다면, '보석이나 가구에 관해 아는 것이 있는가? 어디에서 가장 저렴하게 물건을 구입할 수 있는지 아는가? 팔 때는 얼마나 이익을 붙여서 팔아야 적당하다고 생각하는가?' 등을 물을 걸세. 만약 이 질문들에 모두 '예.'라고 대답한다면……."

로단이 매손의 말을 가로막고 나섰다.

"매형은 그런 것에 대해 전혀 모릅니다. 지금까지 제가 창을 만드는 일을 가끔 도왔을 뿐입니다."

"그렇다면 자네 매형에게는 장사가 어울리지 않는다고 하겠구먼. 장사꾼들은 무엇보다 장사에 대해 알아야 하네. 꿈이 아무리 좋아도 그 꿈을 실현시킬 가망이 보이지 않는 사람에게 내가 왜 돈을 빌려주겠나. 자네 매형이 '예. 저는 그동안 많은 상인들을 도왔습니다. 저는 카펫의 고향 스미르나에 가서 가정주부들이 짠 카펫을 싼값에 구입하여 바빌론 부자들에게 높은 이익을 붙여 파는 법을 알고 있습니다'라고 대답한다면 나는 '충분히 준비를 했구먼. 꿈도 야무지고. 자네가 합당한 담보물을 맡긴다면 기꺼이 금화 50냥을 빌려주겠네'라고 대

| 6장. 바빌론의 대부업자

답할 걸세. 만약 자네 매형이 '맡길 담보물이 없습니다. 하지만 저는 약속을 생명처럼 소중히 여기는 사람입니다. 제게 돈을 빌려주신다면 목숨이라도 걸고 갚겠습니다'라고 말한다면 나는 '내 돈은 내 목숨처럼 소중한 것이라네. 자네가 카펫을 사서 돌아오는 동안 강도라도 만난다면 내 돈을 무슨 수로 갚을 수 있겠나'라고 대답해 줄 걸세.'

매손은 로단을 뚫어지게 바라보며 말을 이었다.

"로단, 황금은 대부업자가 파는 상품이네. 빌려주기는 쉽지만 신중하게 빌려주지 않으면 돌려받기가 어렵다네. 현명한 대부업자는 돈을 회수할 수 있다는 확신이 설 때만 돈을 빌려주는 법이라네. 곤란에 처한 사람들을 돕는 것은 좋은 일이네. 불운한 사람들을 돕는 것은 좋은 일이지. 사회생활을 갓 시작한 사람이 훌륭한 시민이 되도록 돕는 일 역시 훌륭한 일이지. 하지만 무작정 도와줘서는 안 되네. 농부의 당나귀처럼 다른 이의 짐까지 대신 짊어지면서 도와줘서는 안 되네. 누군가를 도울 때는 지혜로운 선택이 필요하네. 내 이야기가 또 다른 곳으로 흘렀구먼. 로단, 내 대답은 이렇다네. 자네의 금화 50냥을 지키게. 자네가 땀 흘려 번 돈은 자네를 위한 것이네. 자네가 원하지 않는다면 누구도 그 돈을 나누어 갖자고 요구할 수는 없네. 자네가 그 돈으로 더 많은 돈을 벌고 싶다면 신중하게 여러 사람에가 나누어서 빌려주게. 위험한 곳에 투자하는 일도 어리석은 짓이지만 돈을 묵히는 것 또한 어리석은 짓이라는 사실을 명심하게. 그런데 자네는 몇 년 동안 창을 만들었나?"

"꼬박 3년 동안 일했습니다."

"왕의 선물을 제외하고 그동안 얼마만큼 벌었나?"

"금화 석 냥을 모았습니다."

"매년 금화 1개씩을 모은 셈이로군."

"그렇습니다."

"그러면 50년을 일해야 금화 50냥을 저축할 수 있겠군."

"평생의 노동이 되겠지요."

"자네의 누이가 상인이 되고 싶어 하는 남편을 위해 50년 노동의 대가를 위험에 빠뜨리고 싶어 한다고 생각하는가?"

"그렇게 생각하지는 않습니다."

"그러면 누이에게 가서 이렇게 말하게. '3년 동안 나는 단식일을 제외하고 매일을 아침부터 밤까지 일했다. 나는 노동과 절제로 1년에 황금 한 냥을 얻었다. 당신은 사랑하는 나의 누이이고, 나는 매형이 사업을 해서 크게 번성하기를 원한다. 그가 내 친구 매손이 보아 현명하다고 생각할 계획을 세워 내게 보여 준다면 나는 기꺼이 내가 평생 모은 돈을 매형에게 빌려줄 것이다.' 자네 매형이 성공할 준비가 되었다면 증명해 보일 것이요, 그렇지 못하다면 돈을 빌려줄 필요가 없네. 나는 내가 필요로 하는 황금보다 더 많은 황금을 갖고 있기 때문에 황금대부업자네. 자네가 나처럼 되려면 돈으로 돈을 벌어야 하네. 돈을 굴려야 한다는 뜻이네. 신중하게 투자한 돈은 눈덩이처럼 불어나게 마련이네. 잘못하면 자네가 힘들게 번 돈이 하루아침에 사라질 수 있다는 사실을 명심하게.

 자네 돈을 순식간에 불리겠다는 생각을 머리에서 깨끗이 씻어 내게. 그런 환상은 경제 원리를 모르는 사람들이 꾸며 낸 사기극에 불과하네. 무엇보다 중요한 것은 안전이네. 자네 돈을 지키는 것만으로도 돈을 버는 것이라고 생각하게. 상식을 벗어난 수익을 약속하는 사람들을 경계하게. 성공한 사람과 거래를 맺도록 하게. 그들의 경험과 지혜가 자네의 돈을 지켜 주면서 적절한 수입을 보장해 줄 테니까."

 로단이 일어서서 매손에게 현명한 조언에 고맙다고 말했다. 매손은 그런 인사를 들은 척도 안 하며 당부하듯 이렇게 말했다.

 "왕의 선물에서 많은 지혜를 얻기 바라네. 금화 50냥을 지키려면 신중하게 처신해야 할 걸세. 많은 유혹과 함께 돈을 어떻게 쓰라고 조언하는 사람도 많아질 걸세. 큰돈을 벌 기회가 있다는 사탕발림도 끊이지 않을 걸세. 내 나무 상자에 얽힌 이야기에서 지혜를 얻기를 바라네. 주머니에서 금화를 꺼내기 전에 확실히 돌려받을 수 있는지 생각하고 또 생각하게.

 내 조언이 필요하다면 언제라도 찾아오게. 자네라면 언제든지 환영하니까."

바빌론의 성벽

The Walls of Babylon

The Richest Man in Babylon

바빌론의 노병 반자는 성벽 꼭대기로 이어지는 통로를 지키고 서 있었다. 위쪽에서는 용감한 병사들이 성벽을 지키기 위해 힘을 다해서 싸우고 있었다. 수천 명의 사람들이 살아가는 이 위대한 나라의 존망이 그들에게 달려 있었다.

성벽 너머에서는 성을 공격하는 적들의 고함, 수많은 사람들의 외침, 수천 마리 말들의 발굽 소리, 청동으로 만들어진 성문을 강타하는 쇠메의 거친 충돌음이 귀를 울리며 어지러이 뒤섞여 들려왔다. 성문 뒤로는 창을 든 병사들이 일렬로 도열해 있었다. 성문이 무너진다면 그들이 침략군의 공격을 막아야 했지만 그들은 정식 군인이 아니었다.

바빌론의 주력 부대는 왕과 함께 멀리 동쪽으로 원정을 가 엘람 사람들과 싸우고 있었다. 왕과 주력 부대가 성을 비운 사이 외부의 공격을 받는 일이 생기리라고는 아무도 생각하지 못했다. 뜻밖에도 북쪽에서 아시리아가 바빌론을 정복하기 위해 침략한 것이었다. 성벽을 어렵사리 지키고 있지만 바빌론의 운명은 바람 앞의 등불과도 같았다.

반자의 옆에는 수많은 시민이 몰려 나와 있었다. 모두 겁에 질려 창백한 얼굴을 하곤, 전쟁 상황을 조금이라도 알고 싶어서 안절부절 못하고 있었다. 부상당한 사람과 죽은 사람이 끊임없이 옮겨지는 모습을 보면서 그들은 깊은 한숨을 내쉬었다.

마침내 최후의 결전이 시작되었다. 바빌론을 포위한지 사흘 째 되던 날 아시리아군은 모든 병력을 집결시켜 반자가 있는 성벽 쪽을 집중 공격했다. 성벽 위의 수비군도 혼신의 힘을 다해 방어했다. 사다리를 타고 올라오는 침략군들에게 화살을 쏘고 끓는 기름을 부어 댔으며, 성벽까지 기어오른 침략군에게는 창으로 대항했.

반자는 전선 상황을 한눈에 파악할 수 있는 곳에 있었다. 치열한 전투가 코앞에서 벌어지고 있었기 때문에 광폭한 침략군의 동태를 즉각 알아볼 수 있었다.

나이든 상인 한 명이 중풍에 걸려 마비된 두 손을 떨며 그에게 다가왔다.

"말 좀 해 주시오! 말을 좀 해 줘. 적들이 들어올 수 없다고 말 좀 해 달란 말이오. 내 아들들은 왕을 따라 원정을 떠났고, 나와 늙은 아내를 지켜 줄 사람이 하나도 없단 말이오. 저놈들이 들어오면 내 물건을 모두 훔쳐 갈 거야. 내가 먹을 것도 남겨 두지 않고 몽땅 약탈해 갈 거라고. 우리는 너무 늙어서 우리 자신을 보호할 수가 없소. 적들이 밀어닥치면 우리는 모든 것을 빼앗기고 굶주리다가 죽을 거요. 우리가 저들을 막을 수 있다고 제발 말 좀 해 주시오."

"진정하세요. 바빌론의 성벽은 절대 무너지지 않습니다. 할머니에게 가셔서 아무 걱정 말라고 말씀드리세요. 우리가 왕의 보물을 지키듯 할아버지의 재산도 보호할 것이라고 안심시키세요. 성벽에 바싹 붙어 돌아가세요. 잘못하면 화살에 맞을지도 모르니까."

상인이 물러가자 팔에 아기를 안은 한 여자가 다가와 물었다.

"병사님, 성벽 위에서는 아무런 소식도 없나요? 내 불쌍한 남편을 위해서라도 사실대로 말해 주세요. 남편은 큰 부상을 입어 고열에 시달리며 누워 있어요. 그런데도 바빌론을 지키겠다고 갑옷과 창을 내놓으라고 졸라 댑니다."

"걱정하지 마시오. 남편에게 바빌론의 성벽이 당신과 당신의 아기를 지켜 줄 것이라고 전해 주시오. 바빌론의 성벽은 높고 튼튼합니다. 우리 용맹한 병사들의 함성이 들리지 않습니까? 그들이 적들을 물리치고 바빌론을 지켜 낼 것입니다."

"예. 들립니다. 하지만 성문을 때려 대는 쇠매 소리에 걱정을 떨칠 수가 없습니다."

"남편에게 돌아가십시오. 성문은 절대 무너지지 않을 것이며 설사 성벽을 기어오르더라도 우리 병사들의 창을 이겨 내지 못할 터이니 걱정하지 말고 사랑하는 사람 옆에서 부상을 치료하라 남편에게 전해 주시오. 성벽에 바짝 붙어 걸으십시오."

그때 중무장한 병사들이 그 길로 들어섰다. 반자는 재빨리 사람들을 옆으로 비켜서게 해서 병사들이 지나갈 길을 터 주었다. 방패와 갑옷이 철커덕거리는 소리를 내면서 병서들이 지나가자 한 어린 소녀가 반자의 허리띠를 붙잡고 늘어지며 말했다.

"할아버지, 말 좀 해 주세요. 우리는 안전할까요? 저 성벽에서 들려오는 소리가 무서워 죽겠어요. 사람들이 피 흘리는 모습도 보았어요. 엄마와 어린 동생에게 나쁜 일이 닥치는 것은 아니겠지요?"

역전의 노병 반자는 어린 소녀를 바라보며 차분한 목소리로 말했다.

"무서워하지 말거라, 얘야. 바빌론의 성벽이 너희 가족을 지켜 줄 테니. 바빌로니아의 창건자이신 위대하신 세미라미스 여왕께서 100년 전에 이 성벽을 세운 이유는 바로 너와 같은 아이들을 안전하게 지키기 위해서란다. 그 뒤로 어떤 적도 이 성벽을 넘지 못했다. 집으로 돌아가서 어머니와 어린 동생에게 바빌론의 성벽이 너희를 지켜 줄 테니 무서워할 필요 없다고 전하거라."

이후로도 반자는 매일 그 자리를 지켰다. 지원병들이 그 길을 지나갔고, 부상당한 사람과 죽은 자들도 그 길을 지나갔다. 성벽에 부서진 곳은 없는지 확인하러 오는 사람의 발길도 끊이지 않았다. 그들이 겁에 질려 성벽의 안전을 물을 때마다 노병은 위엄 어린 목소리로 "바빌론의 성벽은 당신을 안전하게 지켜줄 것이오"라고 말했다.

아시리아 군은 3주 닷새 동안이나 계속 공격을 퍼부었다. 그들은 공격의 고삐를 잠시도 늦추지 않았다. 3주가 지나고도 5일 동안 아시리아군의 공격은 쉬지 않고 계속되었다. 부상당한 사람들의 피가 길을 물들였고, 성벽의 안전을 걱정하며 끊임없이 찾아오는 사람들의 발길에 피와 흙이 뒤범벅되었다. 성벽 밖에도 침략군들의 시체가 수북하게 쌓여 갔다. 오가는 사람들의 발길 아래 흙과 피가 뒤섞여 진흙길로 변해 갔다. 반자의 얼굴도 점점 굳어 갔다. 성벽 밖에는 공격자들의 시체가 매일같이 수북하게 쌓이고, 매일 밤 그 동료들이 그들을 옮겨가서 묻었다.

마침내 3주 닷새가 지난 날 밤 아시리아군의 함성이 줄어들었다. 다음 날 아침 햇살이 들판을 밝히기 시작했을 때 침략군은 거대한 먼지 구름을 일으키면서 퇴각하기 시작했다.

바빌론의 성벽을 지키던 수비군은 승리의 함성을 질렀다. 그 함성이 뜻하는 바를 모르는 사람은 아무도 없었다. 성벽 뒤에서 대기하던 병사들도 감격에 찬 환호성을 질렀다. 모든 시민이 뛰쳐 나와 승리의 기쁨을 나누었다.

바빌론의 성벽은 다시 한번, 바빌론의 풍요를 약탈하고 그 시민들을 노예로 삼으려던 사악한 적의 공격을 격퇴시킨 것이다.

바빌론은 성벽이라는 완벽한 보호 장치를 갖추고 있었기에 수세기 동안 풍요를 누리며 건재할 수 있었다. 만일 성벽이 취약했다면 그처럼 오랜 기간 풍요가 허락되지 않았을 것이다.

바빌론의 성벽은 어딘가에 보호받고 싶은 인간의 욕구를 상징적으로 보여 주는 좋은 예이다. 보호받고 싶은 욕망은 인간의 본능이기도 하다. 세상은 점점 메마르고 각박하게 변해 가고 있다. 지금은 그 어느 때보다 우리를 지켜 줄 제도적 장치가 필요한 때이다. 바빌론의 성벽처럼 우리를 안전하게 지켜 줄 제도적 장치는 무엇일까?

정답은 저축, 믿을 수 있는 투자와 보험이다. 이 셋을 철저하게 준비한다면 비극이 갑자기 문을 열고 들어와 당신을 위협하더라도 당신은 자신의 소중한 것들을 지켜 낼 수 있는 것이다.

바빌론의 낙타 상인

The Camel Trader of Babylon

The Richest Man in Babylon

'사람은 배가 고프면 고플수록 이상하리만치 정신이 더 맑아지며 음식 냄새에 지독하게 민감해진다.'

아주르의 아들 다카드는 이렇게 생각했다. 꼬박 이틀 동안 담벼락 너머 남의 정원에서 작은 무화과 두 개를 따 먹은 것 외에는 아무것도 먹지 못했다. 더 먹고 싶었지만 성난 여인이 뛰쳐나오는 바람에 죽도록 도망쳐야 했다. 다카드는 시장까지 줄행랑을 쳤지만 그 여자의 날카로운 목소리가 여전히 귓가에서 맴돌고 있었다. 그 덕분에 시장 좌판에 널린 과일을 몰래 낚아채고 싶은 유혹에서 벗어날 수 있었다.

전에는 바빌론 사장에 그처럼 자주 왔어도 음식 냄새가 그렇게 좋은지 몰랐었다. 시장을 나서 여인숙으로 돌아가던 다카드는 하필 식당 앞을 지나게 되었다. 혹시 아는 사람이라도 있을까 해서 식당을 힐끗 훔쳐보았다. 혹시 동전 한 냥을 빌릴 사람이라도 있을까? 동전 한 냥이라도 있다면 고약한 여인숙 주인도 어색하게나마 미소를 지어 줄 텐데.

이렇게 넋을 잃고 식당 안을 훔쳐보는 동안 다카드는 가장 피하고 싶은 사람, 키가 크고 마른 낙타 상인 다바시다와 정면으로 마주치고 말았다. 그가 돈을 빌린 모든 사람 중에서 다바시다는 이상하게도 다카드에게 부담스럽게 느껴졌다. 돈을 갚겠다고 몇 번이고 말했지만 한 번도 그 약속을 지킨 적이 없기 때문이다.

다바시다는 다카드를 보자마자 얼굴이 밝아졌다.

"다카드, 내가 자네를 얼마나 찾아다녔는지 모를 거야. 한 달 전에 빌려준 동화 두 냥과 그전에 빌려준 은화 한 냥은 언제 갚을 건가? 자네를 이렇게 만나게 해 주다니 하늘이 도왔구먼. 지금 당장 돈을 갚게. 나도 그 돈을 쓸 곳이 있으니까."

다카드는 얼굴이 벌겋게 달아오르며 말까지 더듬었다. 이틀을 굶은 까닭에 말다툼할 기력조차 없었다.

"미안합니다. 정말 미안해요. 죄송하지만 오늘은 갚을 돈이 없습니다."

다바시다는 다카드를 여전히 윽박질렀다.

"그래? 옛 친구의 아들이라는 이유로 곤경에 빠졌을 때 도와주었는데 이제 와서 갚을 돈이 없다고?"

"죄송합니다. 운이 좋지 않아서 하는 일마다 제대로 되지 않았습니다."

"불운이라고? 자네는 자네의 잘못을 신에게 돌리는 건가? 불운은 돈을 갚을 생각보다 돈을 빌릴 생각만 하는 사람을 따라다니지. 나를 따라오게. 나도 배가 고프니 먼저 먹어야겠네. 밥을 먹으면서 자네에게 이야기를 하나 해 주겠네."

다카드는 다바시다의 비난에 위축되었다. 하지만 식당으로 따라 들어오라는 것은 결국 밥을 사 주겠다는 뜻이 아닌가. 다카드는 체면 따위는 생각할 겨를도 없이 다바시다의 뒤를 따라 식당으로 들어갔다.

그들이 자리에 앉자 식당 주인인 카우스코르가 미소를 지으며 다가왔다. 다바시다는 단골손님답게 카우스코르에게 허물없이 말했다.

"진한 갈색으로 구워진 촉촉한 염소 다리 하나, 빵, 각종 야채들을 가져오게. 배가 고파서 많이 먹어야겠네. 그리고 여기 이 친구는 물병 하나면 충분할 걸게. 날이 더우니 시원하게 해서 말이야."

다카드는 풀이 죽었다. 다바시다가 염소 다리 하나를 통째로 먹는 동안 자신은 여기 앉아서 물만 마셔야 한단 말인가? 하지만 그는 불평한 입장이 아니었다. 다카드는 아무런 생각이 나지 않았다.

다바시다는 다카드의 심정을 조금도 헤아리지 않고 다른 손님에게 다정하게 손을 흔들며 이야기를 계속 했다. 마침내 다바시다는 다카드를 차가운 눈빛으로 바라보며 말했다.

"우르파에서 막 돌아온 여행자에게서 들었는데 돌을 양피지처럼

8장. 바빌론의 낙타 상인

얇게 잘라서 창틀에 끼워 비가 들이치는 것을 막는다는 부자가 있다더군. 얼마나 얇게 잘랐는지 그 돌판을 통해서 바깥세상을 볼 수 있다고 했지. 돌판은 노란색이었는데 그 여행자도 돌판을 통해 바깥세상을 보았더니 세상이 원래 모습대로 보이지 않고 이상하게 보였다네. 자네는 어떻게 생각하나, 다카드? 경우에 따라서 세상이 다른 색으로도 보일 수 있다고 생각하나?"

"그럴 리가 있으려고요."

다카드는 다바시다 앞에 놓인 염소 종아리살에서 눈을 떼지 못한 채 대답했다.

"나는 그 이야기가 진실임을 알지. 나도 한때는 세상을 원래 색과 전혀 다른 색으로 본 적이 있었으니까. 내 경험을 자네에게 말하려 하네. 내가 어떻게 세상을 다시 원래 색으로 보게 되었는지 말일세."

"다바시다가 재미있는 이야기를 할 모양이야."

옆자리에 앉은 손님이 친구에게 말하며 방석을 다바시다 앞으로 다른 사람에게 속삭이며 카펫을 다바시다 쪽으로 끌어당겼다. 다른 손님들도 자신들의 음식을 들고 반원형으로 둘러앉았다.

다카드의 귀에는 그들이 음식을 씹어 대는 소리가 유난히 크게 들렸다. 그의 앞에만 음식이 없었다. 다바시다는 야속하게도 다카드에게 딱딱한 빵 한 조각도 주려 하지 않았다.

"이제부터 내 젊은 시절로 돌아가 내가 어떻게 낙타 상인이 되었는지 말해 주겠네. 내가 예전에 시리아에서 노예 생활을 했다면 믿을 수 있겠나?"

사람들이 놀라서 웅성거렸고, 다바시다는 염소 종아리에서 살덩이를 찢어 내며 그 시절을 찬찬히 이야기하기 시작했다.

"나는 어렸을 때부터 안장을 만들어 팔던 아버지에게 말안장 만드는 방법을 배웠네. 나는 아버지의 작업장에서 함께 일했고 아름다운 아내를 맞아들였지. 별다른 기술이 없었던 까닭에 많은 돈을 벌지는 못했지만 아내와 절약하면서 그럭저럭 살아갈 수 있었다네. 그런데도 나는 내 능력으로 가질 수 없는 좋은 것들을 갖고 싶었네. 곧 그동안 주변 사람들에게 신용을 쌓았기 때문에 내가 원하면 쉽게 돈을 빌릴 수 있다는 사실을 알았네.

젊고 경험이 없던 나는 버는 것보다 더 많이 쓰면 몇 갑절의 벌로 되돌아온다는 평범한 진리를 몰랐네. 값비싼 옷을 샀고, 아내에게 많은 장신구를 사주었지. 내 수입을 넘어서는 돈을 펑펑 썼지만 한동안은 아무런 문제도 없었다네. 하지만 시간이 지나자 그것이 모두 빚으로 돌아왔지. 내 수입이 그처럼 호화롭게 먹고 살면서 빚을 갚기에는 턱없이 부족하다는 사실을 깨달았을 때, 채권자들이 나를 쫓아다니며 괴롭히기 시작했네. 당연히 내 가족은 파탄 지경에 이르렀고, 나는 친구들에게 손을 벌렸지만 그들까지도 나를 외면했네. 친구들에게도 돈을 제대로 갚지 못했기 때문이지. 상황은 점점 나빠져만 갔네. 아내마저 나를 버리고 친정으로 돌아갔지. 결국 나는 바빌론을 떠나기로 결정했네.

그 뒤로 2년 동안 나는 대상을 따라다니며 등이 휘도록 일했지만 성과를 거두지 못했네. 결국 나는 사막을 휩쓸고 다니면서 힘없는 대상을 습격해서 돈을 빼앗는 강도단의 유혹에 빠지고 말았네. 결코 옳은 짓은 아니었지만, 나는 세상을 엉뚱한 눈으로 바라보고 있었다네. 결코 내 아버지의 아들에게 어울리지 않는 짓이었지. 나는 내가 어디까지 타락했는지 깨닫지도 못하고 있었네.

우리는 첫 번째 강도질에서 큰 성공을 거두었네. 금과 실크 등 값진 물건들을 손에 넣을 수 있었으니까. 우리는 이 약탈품들을 가지고 지니르로 가서 흥청망청 모두 탕진했네.

두 번째 약탈은 그리 운이 좋지 못했지. 대상을 습격해 물건을 빼앗았지만, 대상들이 호위를 요청한 원주민들과 한바탕 싸움을 벌여야 했으니까. 결국 우두머리 두 명이 죽고, 나머지는 다마스쿠스로 끌려가 옷이 벌거벗겨진 채 노예로 팔리게 되었네.

나는 시리아의 어느 족장에게 은화 두 냥에 팔렸네. 머리가 깎이고 허리에만 천을 두른 나는 여느 노예들과 다를 바 없었지. 어리석은 혈기로 세상을 제멋대로 산 나는 족장의 부인들을 시중드는 노예가 되었네. 족장의 네 부인은 나를 노리개 정도로 다루었으니 내게 무슨 희망이 있었겠나. 시리아의 사내들은 사납고 호전적이었네. 내게는 그들에게 저항할 수단도 도망칠 방법도 없었기 때문에 그들이 시키는 대로 따라야 했네.

족장의 네 부인이 나를 볼 때마다 나는 두려움을 느꼈다네. 그래도 그녀들에게 동정심을 얻을 수 있지 않을까 하는 실낱같은 희망을 품었지. 첫째 부인인 시라는 나이가 제일 많았는데 언제나 나를 무표정한 얼굴로 보았기 때문에 그녀에게 커다란 위안을 얻지는 못했네. 둘째 부인은 대단한 미인이었지만 내가 지렁이라도 된다는 듯이 역겹게 쳐다보았지. 나머지 두 부인 역시 나를 볼 때마다 킥킥대며 나에게 모멸감을 안겨 주었어. 나는 그들의 결정을 기다렸지만 네 부인은 서로 미루면서 내게 어떤 일도 맡기려 하지 않았다. 어느 날 시라가 족장에게 말했지.

'이 땅에는 노리갯감은 많지만 낙타를 제대로 다루는 노예는 거의 없습니다. 그런 까닭에 제 어머니가 열병으로 쓰러지셨는데도 찾아뵙지 못하고 있습니다. 저 노예에게 낙타를 끌 수 있는지 물어봐 주세요.'

시라의 부탁에 족장이 내게 물었네.

'너는 낙타에 대해서 무얼 아느냐?'

나는 기쁜 마음을 숨기려고 애쓰며 대답했네.

'저는 낙타를 무릎 꿇게 할 수 있고, 짐을 실을 수 있고, 오랜 여행에 지치지 않고 걷게 이끌 수 있습니다. 필요하다면 마구까지도 고칠 수도 있습니다.'

'그만하면 충분하다. 시라, 당신이 원한다면 이놈을 낙타 관리자로 삼으시오.'

그래서 나는 시라의 낙타를 돌보는 노예가 되었고, 바로 그날 그녀를 태우고 그녀의 친정까지 먼 여행길을 나섰다.

친정까지 가는 동안 나는 그녀와 많은 이야기를 나누었네. 나는 태어날 때부터 노예가 아니었으며 바빌론에서 안장을 만드는 자유 시민의 아들이었다고 말했지. 하지만 그녀가 쏘아붙인 말에 나는 당황했고, 나중에 내 자신을 냉정하게 되돌아보게 되었네.

'네 의지가 약해서 노예가 되었으면서 어떻게 자유인이었다고 말할 수 있느냐? 네게 애초부터 노예근성이 없었다면 어찌 노예가 되었겠느냐. 네가 진정으로 자유인의 영혼을 타고난 사람이라면 설령 운이 없다 하더라도 자유인다운 명예를 지키며 살았을 게다.'

나는 거의 1년 동안 노예로 살았고 다른 노예들과 함께 뒹굴었지만 내 영혼마저 노예가 될 수는 없었다. 어느 날 시라가 내게 물었다네.

'노예들이 서로 어울려 즐기는 저녁 시간인데 너는 왜 텐트에 홀로 앉아 있느냐?'

'지난번 마님께서 저에게 해 주신 말씀을 곰곰이 생각하고 있었습니다. 그리고 영혼마저 노예가 되어서는 안 되겠다고 결심했습니다. 그래서 저들과 어울리지 않고 홀로 있는 것입니다.'

시라는 한숨을 내쉬더니 속내를 털어놓았지.

'너는 나와 똑같은 신세로구나. 나는 결혼을 하면서 상당한 지참금을 가지고 왔지. 족장은 그 돈이 탐나서 나와 결혼을 했고. 하지만 족장은 나를 사랑하지 않아. 모든 여자들이 원하는 것이 무엇인지 아느냐? 바로 남편의 사랑을 받는 것이지. 게다가 난 아이를 낳을 수 없기

때문에 이처럼 외롭게 살아가야 한단다. 내가 남자라면 노예로 사느니 차라리 죽음을 택하겠어.'

그때 나는 시라에게 물었지.

'지금은 저를 어떻게 생각하십니까? 아직도 영혼까지 노예인 사람이라 생각하십니까? 아니면 자유인의 영혼을 가졌다고 생각하십니까?'

'너는 네가 바빌론에서 진 빚을 갚고 싶으냐?'

'물론, 그럴 마음은 있습니다만 방법이 없습니다.'

'네가 시간을 허송세월 흘려보내면서 빚을 갚으려는 노력을 하지 않는다면 그 역시 노예의 영혼에서 벗어나지 못했다는 증거다. 자존심도 없는 경멸받아 마땅한 인간일 뿐이다. 정당하게 진 빚도 갚지 못하는 사람을 누가 존중해 주겠느냐.'

'하지만 시리아에서 노예로 살고 있는 제가 무엇을 할 수 있습니까?'

'약해 빠진 놈. 평생 시리아에서 노예로 살려 하느냐?'

'저는 약한 녀석이 아닙니다.'

'그러면 증명해 보거라.'

'어떻게 말입니까?'

'바빌론의 왕을 보거라. 적을 맞아서 모든 가능한 방법으로, 자신이 가진 모든 힘으로 싸우지 않느냐? 너의 적은 무엇이겠느냐? 바로 네 적은 빚이다. 그 빚 때문에 바빌론에서 쫓겨난 것이 아니냐? 빚을 갚지 않는다면 빚은 눈덩이처럼 불어나는 법이다. 적을 그대로 내버려 두면 그 적이 점점 강해지는 것과 마찬가지 이치다. 남자답게 적과 맞서거라. 적과 싸워 이길 수 있다는 자신감을 가져라.'

시라의 신랄한 지적에 나는 내 자신을 돌아볼 수밖에 없었네. 물론 가슴까지 노예가 된 것은 아니라는 변명을 해 보았지만 이를 증명할 방법이 없었지.

사흘 뒤 나는 다시 시라에게 불려갔다.

'내 어머니가 또 아프시다. 가장 좋은 낙타로 둘을 준비하도록 하거라. 긴 여행을 해야 하니 물도 충분히 준비해야 할 게야. 먹을 것은 하녀가 따로 준비해 줄 것이다.'

나는 낙타를 준비시키면서 하녀가 주는 음식이 왜 그렇게 많은지 의아해했다. 그녀의 어머니 집까지는 하루가 다 걸리지 않는 거리였거든.

나는 시라가 탄 낙타를 몰았고 하녀는 먹을 것과 마실 것을 실은 낙타를 타고 뒤따라왔다네. 밤이 어둑해서야 우리는 시라의 친정에 도착할 수 있었지. 그날 밤 시라는 하녀가 없는 틈을 타 내게 물었다.

'다바시다, 네 영혼은 자유인이냐 노예냐?'

'물론 자유인의 영혼입니다.'

'지금이 그것을 증명해 보일 기회다. 지금쯤 족장과 그의 병사들은 술이 많이 취해 있을 것이다. 이 낙타를 데리고 당장 달아나거라. 이 가방을 받아라. 가방 안에는 족장의 옷이 있다. 이 옷을 입고 변장한다면 어렵지 않게 도망칠 수 있을 것이다. 내 걱정은 하지 말거라. 내가 병든 어머니를 돌보는 틈을 타 네가 낙타를 훔쳐 달아났다고 할 테니.'

'부인께서는 역시 족장의 부인다우십니다. 제가 마음속으로나마 당신은 행복을 빌겠습니다.'

그러나 시라는 쓸쓸한 미소를 지으며 말했다.

'행복이 내게도 찾아오겠느냐. 행복은 남편에게서 달아나 이 먼 땅에서 행복을 찾는 아내에게는 찾아오지 않는 법이지. 어서 떠나거라. 길은 멀고 물과 음식은 부족할 테니, 내가 신에게 기도해 주마.'

나는 더 지체하지 않고 그녀에게 깊은 감사를 표한 뒤 밤길을 나섰네. 나는 시리아에 대해 아는 것이 별로 없었지만 바빌론의 방향은 어렴풋이 짐작할 수 있었다네. 나는 낙타 한 마리에 타고 한 마리는 끌며 계속해서 언덕을 넘고 사막을 건넜네. 주인의 재산을 훔쳐 달아난 노예에게 가해지는 끔찍한 형벌이 어떤 것인지 알고 있었기 때문에 나는 죽을힘을 다해 걸었다네.

그날 오후 늦게 나는 사막만큼이나 사람이 살기 힘든 거친 땅에 도착했네. 울퉁불퉁한 돌조각 때문에 낙타들의 발바닥은 피범벅이었지. 하지만 낙타는 그런 고통을 참으며 끈덕지게 걸었다네. 며칠 동안 나는 사람은커녕 짐승조차 구경할 수 없었다네. 그처럼 황폐한 땅에서 어떤 생명체가 살 수 있겠는가.

날이면 날마다 우리는 걸었네. 음식과 물은 바닥이 났고 태양의 열기는 사정없었지.

아흐레째 되던 날 밤, 나는 낙타에서 내려 그 자리에 드러누웠다네. 너무 힘이 들어서 이 버려진 땅에서 죽을 것이라고 생각했네. 나는 깊은 잠에 빠졌고 아침 햇살이 따갑게 내리쬘 때에야 간신히 눈을 뜰 수 있었다네. 나는 겨우 몸을 일으키고는 주변을 둘러보았네. 시원한 아침 공기가 정신을 차리게 해 주었지. 하지만 낙타들은 여전히 기운을 차리지 못해 멀지 않은 곳에 힘없이 누워 있었지. 주위에는 바위와 모래와 가시 돋친 것들로 덮인 험한 땅이 넓게 펼쳐져 있었네. 그런 곳에서 어찌 물과 먹을 것을 구할 수 있겠는가.

이 적막감만 흐르는 땅에서 나는 삶의 최후를 맞이해야 한단 말인가? 그럴 수는 없었네.

살기로 결심하자 내 정신은 더욱 맑아졌네. 부르터서 피가 나는 입술, 마르다 못해 통통 부어오른 혀는 중요하지 않았네.

나는 저 멀리 지평선을 바라보며 나에게 물었네.

'내 영혼은 자유인인가 노예인가?'

내가 노예의 영혼을 가졌다면 모든 것을 포기하고 그 자리에서 죽음을 택하는 편이 나았네. 도망친 노예의 종말로 어울리는 죽음이었지.

하지만 자유인의 영혼을 가졌다면? 나는 무슨 수를 써서라도 바빌론으로 돌아가 나를 믿었던 사람들에게 돈을 갚아야 했다. 나를 진정 사랑했던 아내에게 행복을 되돌려주고 부모님께도 달라진 모습을 보여줘야 했지. 행복을 가져다주고 내 부모에게 평화와 만족을 가져다

줘야 하는 것은 물론이고.

시라는 이렇게 말했었다.

'네가 바빌론을 떠난 이유가 무엇이더냐? 빚 때문이 아니냐? 결국 네가 이겨 내야 할 적은 빚이다.'

그때 이상한 일이 일어났지. 내 눈을 가리던 짙은 먹구름이 걷히고 온 세상이 달리 보이기 시작했다네. 마침내 나는 인생의 참된 가치를 깨달았던 것이야.

사막에서 죽는다고? 나는 아니야! 나는 사막에서 헛되게 죽을 수는 없어! 나는 새롭게 시작하고 싶었고 자신감에 불탔다네. 먼저 바빌론으로 돌아가 내게 돈을 빌려준 사람들을 만나야 했지. 내가 겪은 좌절과 불행을 그들에게 솔직히 털어놓고 입에서 단내가 나도록 일을 해서 돈을 갚겠다고 말하고 싶었지. 그런 다음에 아내를 위한 집을 만들고, 부모에게 부끄럽지 않은 자식이 되기를 원했네.

빚은 내 적이지만, 내가 빚을 진 사람들은 나를 믿어 준 친구들이 아닌가.

나는 비틀거리며 일어섰네. 배고픔? 목마름? 그것들은 바빌론으로 가는 길에 생긴 사소한 일에 지나지 않았네. 내가 적으로 만든 친구들에게 진정한 자유인으로 거듭 태어난 내 모습을 보여 주고 싶었네. 이런 생각을 하니 온몸에 짜릿한 전율감이 흘렀지.

낙타들의 충혈된 눈동자도 내 결의에 찬 목소리에 한결 밝아지는 듯했네. 여러 번 노력한 끝에 낙타들은 땅을 딛고 일어섰고, 우리는 북쪽으로 한 걸음씩 내딛었다네.

우리는 마침내 물을 발견했지. 풀과 과일이 있는 풍요로운 땅을 지나가게 되었던 것이네. 그리고 마침내 바빌론으로 이어지는 길을 발견했지.

결국 마음가짐이 문제였네.

'노예에 불과한 내가 무엇을 할 수 있겠어?'라고 체념했다면 결과가 어떠했겠는가."

다바시다는 다카드를 바라보며 물었다.

"자네는 어떤가, 다카드? 자네의 텅 빈 배 때문에 세상이 원망스러운가? 오히려 정신이 맑아지지는 않는가? 잃어버린 자존심을 찾을 준비는 되어 있는가? 세상을 원래 색대로 볼 수 있겠는가? 빚이 아무리 많다 해도 갚아 내고 다시 한번 바빌론의 존경받는 시민이 되고 싶지는 않은가?"

다카드의 눈에 눈물이 고였다. 그는 다바시다 앞에 무릎을 꿇고 비장한 목소리로 말했다.

"감사합니다. 당신은 제게 새로운 눈을 뜨게 해 주셨습니다. 이제야 깨달았습니다. 저도 진정한 자유인이 되겠습니다."

그들을 지켜보던 한 손님이 다바시다에게 물었다.

"하지만 바빌론에 돌아와서는 어땠나?"

"뜻이 있는 곳에 길이 있는 법이라네. 진정한 자유인이 되겠다고 결심을 한 다음 나는 내게 돈을 빌려준 사람들을 하나씩 찾아가 용서를 빌며 반드시 지켜봐 달라고 부탁했네. 대부분 너그러이 내 청을 들어주더군. 일부는 욕을 해댔지만, 과거와 달라진 내 모습에 나를 도와주겠다고 약속한 사람들도 있었네. 특히 대금업자인 매손이 발 벗고 나서 도와주더군.

내가 시리아에서 낙타를 돌봤다는 사실을 알고 나를 낙타 상인 네바터에게 소개해 주었으니까. 네바터가 왕에게 원정에 쓸 건강한 낙타 떼를 사들이라는 임무를 막 받은 직후였다네. 네바터와 함께 있으면 나는 내가 가진 낙타에 대한 지식을 잘 이용했네. 그를 도와 일하면서 번 돈으로 빌린 돈을 조금씩 갚을 수 있었지. 돈을 다 갚았을 때 내 기분이 어땠는지 자네들은 상상조차 할 수 없을걸세."

다바시다는 음식으로 시선을 돌리고는 부엌을 향해 소리쳤다.

"카우스코르, 왜 이리 눈치가 없는 건가. 고기가 차갑게 식었다네. 그리고 다카드에게도 먹을 것 좀 가져다주게. 오늘은 내 옛 친구의 아들인 다카드와 배가 터지게 먹어야겠으니."

이렇게 바빌론의 낙타 상인 다바시다의 이야기는 끝났다.

'굳은 결심을 한다면 방법을 찾을 수 있다'는 진리를 깨달음으로써 그는 새로운 삶을 살 수 있었다. 당신도 곤궁한 삶에서 벗어나 성공하고 싶은가? 당신을 부자로 만들어 줄 마법의 주문을 찾고 있는가? 그렇다면 이 진리를 마음속에 새기고. 진정한 자유인의 길을 걸어라.

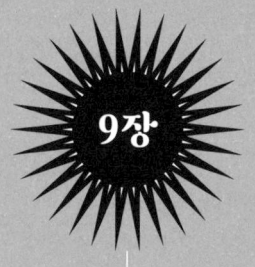

바빌론의 토판

The Clay Tablets From Babylon

The Richest Man in Babylon

이제 달이 꽉 찬 보름이 되었으니, 최근에야 시리아의 노예 생활에서 해방되어 돌아온 나 다바시다는 내 일에 관한 기록을 여기 점토판 위에 새겨 앞으로의 내 삶에 대한 길잡이로 삼고자 한다. 이는 절친한 벗 황금대부업자 매손의 현명한 조언을 받아들여 기록한 것임을 밝혀 둔다.

첫 번째 토판

내가 번 모든 것 중 10분의 1은 따로 떼어 나 자신의 것으로 지킬 것이다. 매손은 다음과 같은 현명한 말을 했다.

"금고에 쓰고도 남을 금화와 은화를 두둑이 지닌 사람은 가족에게 충실하고 왕에게도 충성스러운 사람이다. 금고에 몇 푼의 동전을 지닌 사람은 가족과 왕에게 무관심한 사람이다. 그러므로 성공을 원한다면 일정한 몫의 돈을 꾸준히 저축해야 한다. 그래야 금고를 살찌울 수 있다. 그때는 당신도 가족에게 사랑을 베풀고 왕에게 충성할 수 있을 것이다."

두 번째 토판

매손은 아내를 잘 보살피는 행위가 사내의 마음에 자기 존중을 심어 주고 자신의 목표에 힘과 결심을 더해 준다고 말했다.

그러므로 내 수입의 7할은 집, 옷, 음식, 약간의 쓸 돈을 제공하는 데 사용하여 우리의 생활에 즐거움이 부족하지 않게 한다.

하지만 매손은 장래의 원대한 목표를 위해서는 수입의 7할을 넘은 지출을 해서는 안 된다고 충고해 주었다. 나는 이 범위를 넘어서는 어떤 지출도 하지 않겠다고 결심했다.

세 번째 토판

달이 꽉 찰 때마다 내 수익의 2할은 나를 믿고 나에게 돈을 빌려준 사람들에게 정직하고 정당하게 나누어 준다. 때가 되면 내 모든 빚은 분명 갚아질 것이다.

나는 여기에 내가 빚을 진 모든 사람의 이름과 빚진 액수를 새긴다.

파루, 천 짜는 사람, 은화 2냥, 동화 6냥.

신자, 소파 만드는 사람, 은화 1냥.

아마르, 친구, 은화 3냥, 동화 1냥.

잔카르, 친구, 은화 4냥, 동화 7냥.

아스카미르, 친구, 은화 1냥, 동화 3냥.

하린시어, 보석 만드는 사람, 은화 6냥, 동화 2냥.

디알베커, 아버지의 친구, 은화 4냥, 동화 1냥.

알카하드, 집주인, 은화 14냥.

매손, 황금대부업자, 은화 9냥.

비레지크, 농부, 은화 1냥, 동화 7냥.

(여기서부터 점토판이 깨져서 해석 불가능)

나는 이들 채권자에게 총 은화 119냥과 동화 141냥을 빚지고 있다. 나는 이만큼 빚을 지고도 갚을 방법을 몰랐기 때문에, 어리석게도 내 아내를 친정집으로 보낸 다음 내가 태어난 도시를 떠나 다른 곳에서 쉽게 돈을 벌려고 했으나 좋지 않은 일만 생겼고 나 자신이 노예로 팔리는 추락을 겪었다.

이제 매손이 내 소득 중 적은 금액으로 빚을 갚는 방법을 알려 주었으니, 나는 낭비의 결과로부터 도망친 어리석음이 얼마나 컸던가를 깨닫는다.

나는 채권자들을 찾아가 나에게는 돈 벌 능력 외에 아무 재산도 없으며 내가 매달 버는 돈의 2할을 공정하고 정직하게 나누어 빚을 갚는 데 쓰겠다고 설명했다. 이것만이 지금 내가 할 수 있는 일이며 그들이 인내심을 발휘하며 어느 정도 시간을 준다면 그 안에 빚을 꼭 갚겠다고 간곡히 청하였다.

가장 친한 친구라고 생각했던 아마르는 나에게 심하게 욕했고 내게 침마저 뱉었다. 농부 비레지크는 돈이 절실하므로 빨리 갚아 달라고 사정했다. 집주인 알카하드는 내 말에 동의하지 않고 지금 당장 모두 갚지 않으면 크게 곤욕을 치를 것이라며 협박했다.

하지만 나머지 사람들은 모두 내 제안을 기꺼이 받아들였다.

덕분에 나는 자신감을 갖고 일할 수 있었고, 빚쟁이를 피해 다니는 것보다 빚을 조금씩이라도 갚아 가는 삶이 훨씬 편안하다는 사실을 깨달았다. 모든 채권자의 요구를 만족시킬 수는 없겠지만 나는 그들의 빚을 공평하게 갚아 나갈 것이다. 나는 모두에게 공평하게 처리하기 위해 최선을 다할 것이다.

네 번째 토판

다시 달이 꽉 차서 빛난다. 나는 열심히 일했다. 내 착한 아내는 채권자에게 빚을 갚겠다는 일편단심으로 아껴 쓰고 또 아껴 썼다. 끝없는 노력과 현명한 생각 덕분에 나는 지난 달 건강한 낙타를 사고 팔면서 은화 19냥을 벌었다.

나는 계획대로 그 돈을 나누었다. 10분의 1은 따로 떼어서 저축하고 7할은 아내에게 생활비로 주었으며 남은 2할은 채권자들에게 공평하게 나누어 주었다.

아마르에게 돈을 갚으러 갔을 때 그가 부재중이었으므로 그의 부인에게 돈을 맡겼다. 비레지크는 적은 돈이나마 기뻐하며 나의 손에 입맞춤까지 해 주었다. 알카하드는 여전히 투덜거리며 더 빨리 갚으라고 재촉했다. 그래서 나를 재촉하지 않는다면 마음이 편해져 더 빨리 갚을 수 있을 것이라고 대꾸해 주었다. 다른 사람들은 나를 반갑게 맞으며 내 노력을 칭찬했다.

한 달을 노력한 결과 나는 은화 4냥만큼 빚을 줄였고, 무일푼이었던 내가 은화 2냥을 갖게 되었다. 오랜만에 내 마음은 가벼워졌다.

다시 보름달이 되었다. 지난달에도 열심히 일했지만 성과가 좋지 않았다. 낙타 거래가 원활하지 않아서였다. 은화 11냥이 총 수입이었다. 그러나 아내와 나는 실망하지 않았다. 좋은 옷을 입을 수 없었고 채소만 먹었지만 우리는 원래 계획대로 돈을 나누었다. 우선 1할을 떼어 저축했고, 7할을 생활비로 아내에게 주었다. 적은 액수지만 돈을 갚자 아마르가 나를 반갑게 맞아 주었다. 비레지크도 그랬다. 알카하드는 푼돈에 실망하여 불같이 화를 냈지만, 내가 불만스러우면 다시 돌려달라고 했더니 화를 누그러뜨렸다. 다른 사람들은 전과 마찬가지로 나를 반겨 주었다.

다시 달이 꽉 차서 빛났다. 이번 달은 무척이나 만족스러웠다. 운 좋게 건강한 낙타를 만난 덕에 은화 42냥을 벌 수 있었다. 덕분에 아내와 나는 그럭저럭 입을 만한 옷과 신발을 살 수 있었다. 우리 부부는 오랜만에 육식도 할 수 있었다. 채권자 모두에게 은화 8냥을 갚을 수 있었다. 이번에는 알카하드조차 불쾌해하지 않았다.

빚에서 벗어나고 우리의 부를 쌓을 수 있는 이 방책은 정말 훌륭했다.

내가 점토판에 기록을 남기기로 결심한 뒤 석 달이 지났다. 매달 수입의 10분의 1을 저축했다. 아내에게는 수입의 7할을 주었다. 때로는 삶이 힘들었지만 이 원칙에서 벗어나지 않았다. 그리고 남은 2할은 채권자들에게 충실하게 갚았다.

지금 내 금고에는 은화 21냥이 있다. 비록 적은 돈이지만 이것은 내가 머리를 꼿꼿이 들고 다닐 수 있게 해 주는 원동력이다.

아내도 성실히 가정을 꾸려 간다. 그녀에게 어울리는 옷을 살 수 있다. 우리는 함께 살아서 정말 행복하고 기쁘다.

노예였던 인간을 떳떳한 자유인으로 만든 이 계획의 가치를 어찌

말로 표현할 수 있겠는가.

다섯 번째 토판

다시 한번 달이 꽉 찼다. 내가 이 점토판에 기록을 남긴지 꽤 오랜 시간이 지났다. 벌써 12개월이 지났으니까.

나는 오늘 내가 기록한 내용을 영원히 기억할 것이다. 바로 오늘 내 빚을 모두 청산했기 때문이다. 착한 아내와 내가 목표를 달성했기에 잔치라도 벌이고 싶은 날이다.

채권자들을 마지막으로 방문했을 때 일어난 일들을 나는 오래도록 잊을 수 없을 듯하다. 아미르는 그동안 쌀쌀맞게 대한 행동을 용서해 달라고 했으며 내가 그의 가장 소중한 친구로 되돌아 왔다고 눈물을 글썽이며 말했다.

늙은 알카하드 역시 퉁명스럽지만은 않았다. 오히려 그는 나를 격려해 주었다.

"자네는 한때 뚜렷한 자기 모습을 갖추지 못한 물렁물렁한 점토 덩어리였지만, 이제는 확실한 자기 모습을 갖춘 청동이 되었네. 돈이 필요할 때는 언제라도 찾아오게."

알카하드만이 나를 높이 평가한 것은 아니었다. 모두가 내게 신뢰를 보냈다. 착한 아내는 내게서 자신감이 느껴진다고 말했다.

이 모두가 나를 성공으로 이끌어 준 방법 때문이다. 또한 노력도 빼

놓을 수 없다. 이 둘은 내 모든 빚을 청산하게 하고 지갑까지 두툼하 게 해 주었다.

나는 성공하고자 하는 모든 사람에게 이 방법대로 살아가라고 권하고 싶다. 과거 노예였던 사람에게 빚을 청산하고 두둑한 지갑을 갖게 해 주었다면, 어떤 사람이라도 행복한 미래를 이루도록 도움을 주지 않겠는가. 나는 앞으로도 이 방법대로 살아갈 작정이다. 지금처럼 산다면 언젠가는 반드시 나도 부자가 되리라는 확신이 있기 때문이다.

바빌론에서 가장 운 좋은 사나이

The Luckiest Man in Babylon

The Richest Man in Babylon

바빌론의 상인 샤루 나다는 말을 타고 대상을 선두에서 이끌었다. 화려하고 깔끔한 옷차림은 그를 나이보다 어리게 보이게 했다. 짐을 잔뜩 실은 낙타들도 훌륭했다. 그런데 그에게 깊은 고민거리가 있을 줄이야 누가 알았겠는가.

다마스쿠스에서 돌아오는 여정은 길었다. 게다가 사막을 건너야 하는 험한 길이었다. 그러나 아무리 사막의 모래바람이 거셀지라도 샤루 나다를 멈추게 할 수는 없었다. 대상을 약탈하는 사나운 아랍 부족도 그를 위협할 수 없었다. 말을 탄 호위 부대가 그들을 지켜 주리라 믿었기 때문이다. 그는 오로지 다마스쿠스에서 데려오는 한 청년 때문에 고민했다. 그 청년은 과거 샤루 나다와 동업을 하던 아라드 굴라의 손자 하단 굴라였다.

샤루 나다는 아라드 굴라에게 도저히 갚을 수 없는 커다란 신세를 진 적이 있었다. 그래서 그의 손자에게 무엇이라도 해 주고 싶었지만, 그 청년의 됨됨이를 생각할수록 한숨만 나올 뿐이었다.

히단 굴라의 반지와 귀걸이를 보면서 샤루 나다는 생각했다.

'할아버지의 강인한 얼굴은 닮았지만 저 장신구들은 대체 무엇이란 말인가. 아라드 굴라는 결코 저런 모습이 아니었는데. 하지만 저 친구도 언젠가는 깨닫겠지. 할아버지의 재산을 탕진한 아버지의 전철을 밟지 않겠다고. 그러기 위해 내가 데려온 것이고.'

하단 굴라가 불쑥 물었다.

"어르신은 이렇게 열심히 일하시는 이유가 뭔가요? 먼 거리를 대상을 이끌고 다니시려면 피곤하실 텐데요. 이렇게 일만 하시면 언제 인생을 즐기시겠어요?"

샤루 나다는 미소를 지으며 답했다.

"자네가 나라면 인생을 즐기기 위해서 무엇을 하겠는가?"

"어르신처럼 부자라면 저는 왕처럼 살겠습니다. 뜨거운 햇살을 맞으며 사막을 건너지는 않겠어요. 돈이 들어오면 곧바로 써 버리겠습니다. 가장 고급스러운 옷을 입고 최고로 귀한 보석으로 치장하겠습니다. 그것이 제가 좋아하는 인생, 살 만한 인생일 겁니다."

"자네 할아버지에게는 보석이 하나도 없었을 게다."

샤루 나다는 하단 굴라를 은근히 꾸짖고는 이어 말했다.

"그런 식으로 인생을 즐기다 보면 일할 시간이라고는 없지 않겠니?"

하단 굴라는 망설임 없이 대답했다.

"일은 노예들이나 하는 것이지요."

샤루 나다는 아무런 대답도 하지 않았다. 그저 입술을 깨물고 조용히 말을 몰았다. 대상이 언덕 꼭대기에 이르렀을 때 고삐를 당겨 말을 세우고는 저 멀리 펼쳐진 푸른 계곡을 가리키며 하단 굴라에게 말했다.

"저 계곡을 보아라. 저 멀리에 있는 바빌론의 성벽이 희미하게나마 보이지 않느냐? 우뚝 솟은 탑이 바로 벨 신전이다. 네 눈이 밝다면 신전 꼭대기의 영원히 타는 불꽃에서 피어오르는 불꽃을 볼 수 있을 게다."

하단 굴라가 말했다.

"그럼 저곳이 바빌론인가요? 저는 언제나 세상에서 가장 부유한 도시를 갈망해 왔습니다. 바빌론, 내 할아버지가 부를 쌓기 시작한 곳. 할아버지가 만약 살아 계셨더라면 우리가 이렇게 고생하지는 않을 텐데."

"천수를 다하시고 돌아가신 할아버지께 그토록 매달리는 이유가 뭔가? 네 아버지와 너도 할아버지만큼 훌륭한 업적을 남길 수 있을 텐데."

"안타깝게도 저나 아버지는 할아버지의 재능이 없어요. 아버지와 저는 금화를 끌어들이는 할아버지의 비법을 몰라요."

샤루 나다는 하단 굴라의 푸념에 대답하지 않고 다시 말을 몰아 조심스럽게 비탈길을 내려갔다. 그들 뒤로는 대상이 불그레한 먼지구름을 일으키며 따라오고 있었다. 잠시 뒤 그들은 왕의 도로에 이르러 남쪽으로 방향을 틀었다.

세 노인이 밭을 갈고 있었다. 샤루 나다는 그 노인들이 이상하게도 눈에 익었다. 40년 전에 그곳에서 보았던 얼굴들이었다. 틀림없었다. 40년 전과 다름없이 한 노인이 쟁기를 잡고 다른 두 노인이 힘겹게 황소를 옆에서 끌고 있었다.

40년 전, 그는 이들을 얼마나 부러워했던가. 그들처럼 되기를 얼마나 원했었던가. 그러나 지금은 어떤가. 그는 뒤에서 따라오는 긴 대상 행렬을 바라보았다. 다마스커스에서 가져온 소중한 보물을 가득 실은 나귀들과 낙타들을 흐뭇하게 바라보았다. 이 모든 것이 그의 소유물이었다.

그는 밭을 가는 사람들을 가리키며 하단 굴라에게 말했다.

"저 사람들은 40년 전이나 지금이나 똑같이 밭을 갈고 있구나."

"정말입니까?"

"그래. 바로 저 자리에서 그들을 보았으니까."

과거의 기억들이 주마등처럼 그의 머릿속을 스치고 지나갔다. 왜 샤루 나다는 과거를 잊고 현실을 즐기며 살지 못하는 것일까? 그는 하단 굴라의 얼굴에서 아라드 굴라의 미소 띤 얼굴을 보았다. 그와 청년 사이에 놓였던 장벽이 조금은 허물어진 느낌이 들었다.

이 낭비벽에 물든 청년을 어떻게 도와야 할까? 일을 하고자 하는 의지에 불타는 사람이라면 일은 얼마든지 구해 줄 수 있다. 그러나 손을 더럽히면서 일을 하기에는 본인이 너무 고결하다고 생각하는 젊은이에게 어떻게 일을 강요할 수 있겠는가. 하지만 샤루 나다는 아라드 굴라에게 진 빚을 갚고 싶었다.

샤루 나다에게 한 가지 계획이 문득 떠올랐다. 하지만 망설이지 않을 수 없었다. 그의 가족과 자신의 체면을 생각해야만 했으니까. 자칫하면 그의 가족에게 커다란 상처를 남길 수 있었다.

하지만 결단력 있는 사람답게 샤루 나다는 곧바로 행동에 옮기기로 결심했다.

"내가 어떻게 자네 할아버지와 동업자가 되었는지 아나?"

하단 굴라가 대답했다.

"저는 그런 것들보다 어르신이 어떻게 금화들을 벌어들였는지가 궁금합니다."

샤루 나다는 하단 굴라의 질문을 무시하고 계속 말했다.

"내가 자네와 비슷한 나이였던 때였지. 우리가 저 농부들의 옆을 지나갈 때, 내 옆에 사슬로 묶여 있던 늙은 농부 메기도가 저들의 엉성한 모양새에 코웃음을 쳤지. '저런 게으른 사람들 좀 보게나. 쟁기를 잡은 사람이 쟁기를 깊이 박으려 하지 않고, 황소를 모는 사람이 고랑을 따라 황소를 몰지 않는다면 어찌 풍년을 기대할 수 있단 말인가'라고 말이지."

그때 하단 굴라가 놀라 물었다.

"방금 메기도가 어르신 옆에 사슬로 묶여 있었다고 말씀하셨나요?"

"그랬다네. 우리 목에는 청동으로 만든 쇠테가 둘러져 있었고 굵은 사슬이 우리를 하나로 묶고 있었네. 메기도 옆에는 양 도둑인 자바도가 묶여 있었고, 나는 그를 하룬에서부터 알게 되었지. 끝에 있던 사람은 우리에게 이름을 밝히지 않아 우리는 그를 해적이라고 불렀다. 뱃사람처럼 가슴에 뱀 문신을 하고 있어 해적이었을 것이라고 생각했었지. 어쨌든 우리 네 사람은 사슬에 묶여 한 사람처럼 지내야 했다."

"어르신이 노예로 묶여 있었다고요?"

"자네 할아버지가 내가 한때 노예였다는 사실을 말해 주지 않았나?"

"할아버지는 어르신 이야기는 자주 하셨지만, 노예 이야기는 한 번도 하지 않으셨어요."

"자네 할아버지는 그런 분이셨네. 비밀을 끝까지 지켜 주시는 분이시지. 자네도 그렇게 할 수 있으면 좋겠구나. 앞으로 내가 믿어도 좋겠니?"

이렇게 말하며 샤루 나다는 하단 굴라를 뚫어지게 쳐다보았다.

"어르신 물론, 저를 믿으셔도 됩니다. 누구에게도 이 비밀을 발설하지 않을 테니까요. 그런데 어쩌다가 노예가 되셨습니까?"

샤루 나다는 어깨를 으쓱하며 대답했다.

"운명이란 알 수 없는 일이지. 누구라도 노예가 될 수 있네. 도박과 술 때문에 나는 노예가 되어야 했네. 물론 내가 도박과 술에 빠진 것은 아니었네. 내 형의 무분별한 행동 때문에 내가 그런 재앙을 겪어야만 했지. 어느 날 술에 취해 친구와 다투던 형은 그만 그 친구를 죽이고 말았네. 아버지는 형을 법의 심판대에 세우지 않겠다고 결심한 뒤, 형에게 살해된 친구의 부인에게 돈으로 보상하겠다며 나를 담보로 맡겼네. 아버지가 제때에 돈을 마련하지 못하자 그 여자는 나를 노예 상인에게 팔아 버렸지."

하단 굴라가 소리쳤다.

"어떻게 그런 일이. 그런데 어떻게 다시 자유인이 되었나요?"

"그 이야기는 잠시 뒤에 해 주겠네. 지금은 조금 전에 하던 이야기를 계속 해 주마. 우리가 목에 사슬을 걸고 지나가자 그 농부들은 우리를 놀려 댔네. 한 사람은 낡은 모자를 벗고 허리까지 숙이면서 빈정댔지.

'바빌론에 오신 것을 환영합니다. 왕의 손님들이여. 왕이 성 안에서 성대한 연회를 준비해 두고 여러분을 기다리고 계십니다.'

이렇게 빈정대며 그들은 떠들썩하게 웃어 댔네. 해적이 화를 버럭 내며 그들에게 욕지거리를 해댔지. 그래서 내가 해적에게 물었지.

'왕이 성 안에서 우리를 기다린다니 무슨 뜻인가?'

'등뼈가 휠 때까지 벽돌을 날라야 한다는 뜻이지. 허리가 부러지기

전에 맞아서 죽을지도 몰라. 하지만 그들은 나를 때리기 전에 내가 그 놈들을 죽여 버릴 테다.'

그때 메기도가 나무라듯 말했지.

'주인이 열심히 일하는 노예를 때려죽이지는 않네. 주인은 착한 노예를 좋아하고 잘 대해 주거든. 자네가 하루에 1헥타르를 쟁기질한다면 어떤 주인이라도 자네의 성실함을 인정할 걸세. 하지만 2분의 1헥타르만 갈았다면 그것은 게으름을 피웠다는 증거겠지. 나는 일하는 것을 좋아하지. 나는 정말 신나게 일하고 싶어. 지금까지 일보다 좋은 친구를 만난 적은 없으니까. 내 농장과 가축들, 그리고 곡식들은 모두 내가 열심히 일한 덕분에 모은 것이었어.'

자바도가 코웃음을 치며 말했다.

'그래서 그 많은 재산은 지금 어디에 있나? 일하지 않고 살 수만 있다면 그것보다 더 좋은 것은 없을 테니. 자네가 벽돌을 나르느라 허리가 휘어질 때 나는 물주머니나 나르면서 시간을 때울 테니까.'

그날 밤 나는 공포에 사로잡혀 잠을 잘 수가 없었다. 나는 밧줄을 두른 비좁은 공간에 갇혀 밤을 보내야 했지. 보초를 서고 있던 초병이 우리를 감시하고 있었네. 그는 아랍의 도둑 중 하나였네. 누군가의 지갑을 훔치면 그 누군가도 죽여야 한다고 생각하는 불한당이었지. 나는 지푸라기라고 잡고 싶은 심정에 그에게 말을 건넸네.

'우리가 바빌론에 도착하면 성벽 쌓는 일에 팔려 갈까요?'

'그런 건 알아서 뭐 하게?'

'당신은 이해 못 하실 겁니다. 나는 젊고 살고 싶습니다. 성벽에서 일하다가 아니면 맞아서 죽고 싶지 않다고요. 좋은 주인을 만날 방법이 없을까요?'

나는 애절한 목소리로 말했다.

'자네가 젊고 착해 보이니 비결을 말해 주지. 일단 자네는 노예 시장으로 옮겨질 거야. 잘 듣게. 노예를 사려는 사람이 오면 무조건 성실한 사람처럼 보이도록 하게. 열심히 일하는 사람처럼 보이도록 하라고. 그들이 자네를 사도록 만들어야 하네. 그렇지 못하면 자네는 다음 날부터 죽을 때까지 벽돌을 날라야 할 게야.'

그가 가 버린 뒤 나는 따뜻한 모래에 누워 하늘의 별들을 바라보며 일에 대해 생각했지. 메기도가 일과 가장 친한 친구라고 했던 말에 대해 생각해 보았네. 나도 일을 가장 절친한 벗으로 만들어야 했지. 최악의 상황에서 벗어나려면 그 방법밖에 없었으니까.

늦은 오후 우리는 바빌론 성벽에 이르렀네. 개미 떼처럼 일렬로 늘어선 사람들이 가파른 언덕길을 오르는 모습이 보였지. 우리는 놀라 입을 다물 수가 없었네. 수천 명의 사람이 성전을 쌓고 있었고, 도랑을 파거나 진흙을 벽돌로 만들고 있었지만 대부분이 커다란 바구니에 벽돌을 잔뜩 담아 가파른 언덕 위까지 운반하고 있었네.

감시병들은 줄에서 조금이라도 벗어나는 사람에게 욕설을 하며 채찍질을 해 댔다. 무거운 벽돌을 감당하지 못한 사람들이 비틀거리다 쓰러지고는 일어나지 못했지. 감시병들이 채찍질을 해도 일어나지 못하는 노예들은 곧바로 길가로 치워졌네. 그들에게 남은 것은 죽음뿐이었지. 그 끔찍한 장면을 지켜보면서 노예 시장에서 팔리지 못한다면 나도 저들과 똑같은 운명이 될 것이란 사실에 몸서리가 쳐졌네. 무슨 일이 있어도 노예 시장에서 팔려야 했다네.

초병의 말이 맞았네. 우리는 성문으로 들어가는 즉시 감옥으로 갔고, 다음 날 아침 시장으로 끌려갔네. 모두가 겁이 질려 발걸음을 떼려 하지 않았지만, 채찍질에 움직이지 않을 수 없었지. 노예를 사려는 사람은 우리를 이리저리 살피며 이것저것 까다로운 질문을 던졌네. 나와 메기도는 그들의 마음에 들려고 혼신의 힘을 다해 성심껏 대답했다네.

해적의 저항은 대단했네. 결국 노예 상인은 왕의 근위대에게 도움을 청했고, 그들은 해적에게 족쇄를 채웠지. 그가 반항할 때마다 채찍을 휘두르며 해적을 어디론가 데리고 가 버렸네.

메기도는 우리가 곧 헤어질 때라 생각했는지 나에게 일의 의미에 대해서 말해 주었다. 일이 내 운명을 결정하는 소중한 친구가 될 것이

- 고대 바빌론의 유명한 건축물인 성벽, 사원, 공중정원, 수로는 노예 노동으로 이루어졌다. 노예의 대부분은 전쟁 포로로서 그들은 비인간적인 대우를 받았다. 또한 노예 중에는 바빌론 시민들도 많았는데, 범죄나 금전적인 어려움으로 노예로 팔려 온 사람들이었다. 남자들이 자신, 아내, 또는 자식들을 담보물로 잡히게 하고 돈을 빌리거나 법률의 심판이나 다른 의무를 피하는 경우가 흔했다. 돈을 갚지 않으면 담보로 잡힌 사람이 노예로 팔렸다.

라고 충고해 주었지.

'어떤 사람들은 일을 싫어하지. 그들은 일을 자신들의 적으로 만든다네. 그러나 행복한 미래를 만들고 싶다면 일을 사랑하게. 물론 일은 힘들다네. 하지만 그런 이유로 일을 멀리해서는 안 되네. 자네가 좋은 집을 짓는 짓기를 원한다면 어떤 대들보를 써야 겠는가? 회반죽을 만들려면 멀리서 물이라도 길어 와야 하지 않겠나? 내게 약속해 주게. 좋은 주인을 만나면 최선을 대해 일하겠다고. 주인이 자네의 성실함을 인정하지 않더라도 신경 쓰지 말게. 최선을 다한다면 언젠가는 보답을 받을 테니까. 열심히 일하지 않으면서 어떻게 미래에 대한 희망을 가질 수 있겠나?'

그러나 우리는 대화를 중단할 수밖에 없었다. 건장한 농부가 다가와서 우리를 유심히 살펴보았기 때문이다.

메기도는 그 건장한 농부에게 자신이 몸값 이상을 하는 사람이라는 것을 확신시켰어. 노예 상인과 열띤 흥정을 벌인 끝에 농부는 옷 아래에서 두둑한 지갑을 꺼냈고, 메기도도 사라졌네.

오전 동안 몇몇 사람이 더 팔려 나갔네. 정오가 되자 초병이 나에게 귀띔하기를, 노예 상인이 장사가 시원찮아 다음 날까지 노예 시장을 열지 않고, 해가 저물면 남은 사람들은 모두 노예 담당자에게로 데려갈 것이라고 했네. 나는 절망에 빠졌지. 바로 그때 마음씨 좋게 생긴 뚱뚱한 사람이 우리에게 다가와 빵 굽는 재주가 있는 사람이 있느냐고 물었네. 나는 그에게 다가가 말했지.

'당신같이 유능한 제빵사가 왜 솜씨 모자란 제빵사를 더 구하려 하십니까? 차라리 당신의 뛰어난 솜씨로 저와 같은 사람을 가르치는 편이 쉽지 않겠습니까? 저를 보십시오. 저는 젊고 건강하고 일하기를 좋아합니다. 저에게 기회를 주시면 목숨을 걸고 일하겠습니다. 최선을 다해 금과 은을 벌겠습니다.'

나에게 감동했는지 그는 노예 상인과 흥정을 하기 시작했네. 나를 데려온 이래로 내게 눈길조차 안 주던 노예 상인은 내 능력을 과장되게 떠벌리며 높은 값을 불렀네. 그때 나는 도살업자에게 팔려 가는 살찐 황소 같은 기분이었네. 마침내 흥정이 끝나고 나는 새 주인을 따라 노예 시장을 떠날 수 있었네. 바빌론에서 가장 운수 좋은 사나이가 된 듯한 기분이었지.

새로운 보금자리는 마음에 들었네. 내 주인이 된 나나 나이드는 보리를 마당에 있는 절구에 넣고 찧는 법, 오븐에 불을 때는 법, 벌꿀 케이크를 만들 때 쓰는 참깨 가루를 아주 곱게 찧는 법을 가르쳤네. 나는 곡식을 저장해 두는 헛간에 있는 침상에서 잠을 잤네. 그 집의 살림을 맡았던 늙은 노예 스와스티는 나를 잘 먹여 주었고, 내가 그녀의 힘든 일을 성심성의를 다해 돕자 기뻐했네.

나는 주인에게 내가 가치 있는 존재라는 사실을 보여 주고 싶었네. 그렇게 한다면 자유를 되찾을 기회가 생기리라는 희망 때문이었지.

어느 날 나는 나나 나이드에게 빵을 반죽해서 굽는 법을 가르쳐 달라고 요청했네. 그는 내가 빵을 굽는 기술을 적극적으로 배우려하자 몹시 기뻐하며 열심히 가르쳐 주었네. 빵 굽는 기술을 거의 완벽하게 숙달했을 때, 나는 그에게 벌꿀 케이크를 만드는 방법을 알려 달라고 부탁했네.

내가 모든 빵을 혼자서 만들 수 있게 되자, 나나 나이드는 빈둥대기 시작했네. 그러자 스와스티는 못마땅해하며 고기를 저었네.

내게는 기회였다. 나는 자유를 되찾는 데 필요한 돈을 벌 방법을 궁리하기 시작했다. 정오에 빵 굽는 일이 끝나면, 오후에 할 수 있는 일자리를 찾아서 번 돈을 주인과 나누어 갖자고 하면 나나 나이드가 흔쾌히 허락할 것이란 생각이 들었다. 그때 좋은 생각이 떠올랐다. 벌꿀 케이크를 좀 더 만들어 바빌론 시내를 돌아다니며 판다면 상당한 돈을 벌 수 있을 것 같았다. 나는 내 계획을 나나 나이드에게 설명했네.

'빵 굽기가 끝난 오후 시간을 제게 허락해 주신다면 바빌론 사람들이 원하는 것을 만들어 거리로 나가 팔겠습니다. 그렇게 번 돈을 주인님과 나누어 가지면 어떨까요?'

'좋네, 좋아. 공돈이야 많을수록 좋은 것이지. 자네 생각대로 해 보게.'

그래서 나는 벌꿀 케이크를 만들어 팔겠다는 계획을 그에게 말했고, 그는 내 계획에 동의하면서 이렇게 말했다네.

'벌꿀 케이크 2개에 동화 한 냥을 받도록 하게. 그리고 총수입에서 절반은 재료비로 계산하세. 밀가루와 벌꿀, 그리고 빵을 굽는데 사용할 장작 값을 충당해야 하니까. 나머지 절반을 자네와 내가 절반씩 나

누도록 하지'

총 수입의 4분의 1이 내 몫이었기에 나로서는 불만이 없었네. 어쨌거나 내 돈을 만들 기회였으니까. 그날 밤 나는 늦게까지 벌꿀 케이크를 진열할 상자를 만들었네. 나나 나이드는 그가 입던 옷 중에서 내게 어울릴 만한 것을 준비해 주었고 스와스티는 해진 곳을 깁고 깨끗하게 빨아 주었네.

다음 날 나는 벌꿀 케이크를 넉넉하게 구웠네. 상자 안의 갈색 케이크는 먹음직스러워 보였다네. 나는 거리로 나가 크게 외쳤네. 처음에는 아무도 관심을 보이지 않아 낙담했지만 나는 계속해서 큰 소리로 벌꿀 케이크를 사라고 외쳤네. 오후 늦게부터 배가 고파진 사람들이 벌꿀 케이크를 사기 시작했고 그날 준비한 벌꿀 케이크는 순식간에 다 팔리고 말았지.

나나 나이드는 내 성공에 기뻐하며 내 몫을 기꺼이 떼어 주었네. 나는 내 돈을 가질 수 있어 기뻤어. 훌륭한 주인이라면 노예의 성실함을 인정해 줄 것이라던 메기도의 말이 옳았네. 나는 그날 밤 나는 너무 흥분하여 잠을 잘 수 없었네. 나는 1년에 얼마를 벌 수 있을까, 자유를 얻을 수 있으려면 몇 년이 걸릴까를 계산하려고 했네.

매일 케이크 상자를 들고 다니면서 나에게는 단골이 생기기 시작했네. 그중 한 명이 다름 아닌 자네 할아버지 아라드 굴라였지. 그는 당나귀를 모는 흑인 노예의 도움을 받아가며 바빌론 시내를 샅샅이 돌아다니는 부지런한 카펫 상인이었네. 그는 매일 벌꿀 케이크 4개를 사서 흑인 노예와 똑같이 나누어 먹었다네. 벌꿀 케이크를 먹는 동안 내게 많은 이야기를 해 주었지.

어느 날 제네 할아버지는 내게 평생 잊지 못할 이야기를 해 주셨네. '자네가 만든 벌꿀 케이크가 맛있구먼. 하지만 나는 자네가 적극적으로 장사하는 태도가 마음에 드네. 이런 자세를 유지한다면 자네는 분명 성공할 수 있을 게야.'

자네 할아버지의 칭찬은 바빌론이란 거대한 도시에서 수치스럽게 노예로 살고 있는 나에게 용기를 북돋아 주는 격려였네. 하단 굴라 자네는 이해 못 할 걸세. 그 격려의 말이 노예에서 벗어날 방법을 찾기 힘을 다하는 노예 소년에게 무엇을 의미했는지를.

시간이 흐르면서 내 지갑도 제법 묵직해졌다네. 일이 가장 소중한 친구라는 메기도의 충고는 조금도 틀리지 않았지. 난 한없이 행복했지만 스와스티는 나나 나이드를 걱정하고 있었네.

'주인님이 도박판에서 보내는 시간이 점점 늘어나고 있어 걱정이야.'

어느 날 나는 길에서 메기도를 만나게 되었네. 그는 야채를 가득 실은 당나귀 3마리를 끌고 시장으로 가고 있었네.

'나는 정말 잘 지내고 있네. 그동안 성심껏 열심히 일한 덕분에 이렇게 될 수 있었네. 나는 노예 감독이 되었고 주인은 거래까지 맡길 정도로 나를 신임한다네. 주인은 내 가족까지 데려와서 함께 살도록 해 주겠다더군. 모두가 일을 열심히 한 덕분일세. 열심히 일한다면 언

젠가는 자유를 되찾고 내 농장을 소유할 수 잇을 걸세.'

시간은 흘를수록, 나나 나이드는 내가 벌꿀 케이크를 팔고 돌아오기를 초조하게 기다렸네. 내 몫을 떼어 주고는 곧바로 뛰쳐나갔지. 그는 나에게 더 많은 벌꿀 케이크를 만들어 파라고 재촉했고 내 수입은 하루가 멀다 하고 늘어났네.

종종 나는 바빌론 성문 밖으로 나가 성벽을 쌓는 노예들을 감독하는 사람들에게도 벌꿀 케이크를 팔았네. 그 끔찍한 현장은 보고 싶지 않았지만, 노예 감독관들이 내가 갈 때마다 벌꿀 케이크를 넉넉하게 사 주었기 때문이라네.

어느 날 나는 벽돌을 짊어지고 힘겹게 걸어가는 자바도를 보았네. 몰라보게 수척해진 모습이었지. 등에는 채찍 자국이 선명했고. 나는 기회를 보아 그의 입에 벌꿀 케이크를 하나 넣어 주었네. 그는 굶주린 짐승처럼 케이크를 입에 쑤셔 넣더군. 하지만 그의 굶주림에 지친 얼굴을 본 순간 나는 달아날 수밖에 없었네. 그가 앞뒤를 가리지 않고 내 벌꿀 케이크를 덮칠지도 모른다고 생각했기 때문이네.

어느 날 아라드 굴라가 내게 물었네.
'자네는 왜 이렇게 열심히 일하나?'

나는 메기도가 내게 했던 말로 대답을 대신했네. 일이 나에게 가장 소중한 친구라는 사실을 증명하고 싶다고. 그리고 동전으로 가득한 지갑을 그에게 보여 주며, 돈을 모아 자유를 되찾을 것이라고 말했지.

그러자 자네 할아버지가 다시 물었다네.

'자유인이 된 다음에는 무엇을 하려 하나?'

'상인이 될 생각입니다.'

그때 아라드 굴라가 내게 뜻밖의 비밀을 털어놓았다네.

'그렇구먼. 자네는 몰랐을 테지만, 나 역시 노예였다네. 하지만 나는 내 주인과 동업 관계에 있지.'

샤루 나다의 이야기를 듣고 있던 하단 굴라가 깜짝 놀라며 외쳤다.

'잠깐만요. 저는 우리 할아버지를 욕되게 하는 거짓말은 듣고 싶지 않습니다. 제 할아버지는 노예가 아니었습니다.'

하단 굴라는 화를 참을 수 없어 눈동자에서 분노의 불길이 활활 타올랐다. 하지만 샤루 나다는 여전히 침착함을 유지한 채 말했다.

'내가 자네 할아버지를 무엇 때문에 모욕하겠는가? 불행을 극복하고 다마스쿠스의 자랑스러운 시민으로 우뚝 선 자네 할아버지를 나만큼 존경하는 사람은 없을 걸세. 그분의 손자인 자네에게도 그런 기질이 있는가? 어떤 난관 앞에서도 포기하지 않고 일어날 용기가 있느냐 말일세. 아니면 지금처럼 허황된 착각 속에서 안일하게 살려고 하는가?'

하단 굴라는 회한에 젖은 목소리로 대답했다.

'할아버지는 모든 사람의 사랑을 받으셨어요. 할아버지의 선행은 이루 셀 수 없을 정도예요. 기근이 닥쳤을 때 할아버지는 이집트까지 직접 가서 곡식을 사온 뒤 다마스커스의 굶주린 사람들에게 나누어

주였습니다. 그런 할아버지가 바빌론의 노예였다고 하는 말을 어찌 믿겠습니까?'

'자네 할아버지가 계속해서 바빌론의 노예로 지냈다면 경멸받아 마땅했겠지. 하지만 그분은 본인의 노력으로 다마스쿠스를 대표하는 부호가 되셨네. 신들도 그의 노력에 감동하여 과거의 모든 죄를 용서하고 그를 존경받게 만들어 주신 게다. 여하튼 내 이야기를 끝까지 들어 보거라.

아라드 굴라는 자신이 노예라는 비밀을 밝힌 뒤 자유를 쟁취하기 위해 혼신의 노력을 다한 이야기를 나에게 해 주었네. 그는 자유를 되찾고도 남을 정도로 돈을 벌었지만 자유인이 된 뒤에는 어떤 일을 해야 할지 막막해 했다고 했네. 주인의 도움 없이 장사를 제대로 해낼 수 있을지 걱정한 것이지. 그때 나는 겁도 없이 이렇게 말했네.

'주인을 떠나십시오. 더는 주인에게 연연하지 마시고 자유인이 되십시오. 자유인답게 행동하면서 자유인답게 성공하십시오. 당신이 가장 성취하고 싶은 것이 무엇인지 정하고 일하면 일이 그것을 성취할 수 있도록 도와줄 것입니다!'•

• 고대 바빌론의 노예 제도는 우리에게는 일관성이 없어 보일지 모르나 법률로 엄격하게 관리되었다. 예를 들어 노예는 재산을, 심지어 다른 노예도 소유할 수 있었다. 이 노예에 대해서는 주인도 어쩌지 못했다. 노예는 노예가 아닌 사람과 자유롭게 결혼할 수 있었다. 자유인인 어머니에게서 난 자식들은 자유인이었다. 바빌론의 상인 대부분은 노예였다. 이들 중 다수는 주인과 동업 관계를 형성하고 있었고 부유했다.

아라드 굴라는 내가 그에게 새로운 깨달음을 주었다며 고맙다고 말하곤 길을 떠났네.

어느 날 나는 다시 성문 밖으로 나갔는데 많은 사람들이 모여 있는 것을 보고 놀랐지. 한 사내를 붙잡고 물었단다.

'아직 못 들었소? 왕의 근위병을 죽이고 달아난 노예가 오늘 사형에 처해진다더군. 게다가 왕이 친히 이곳까지 납신다는 소식이오.'

그런 까닭에 사형대를 중심으로 사람들이 구름처럼 모여 있었던 것이다. 나는 벌꿀 케이크 박스가 뒤집어질까 두려워 사람들을 비집고 들어갈 엄두가 나지 않았지. 그래서 완성되지 않은 성벽을 기어 올라갔네. 나는 운 좋게도 황금마차를 타고 오는 네부카드네자르 왕을 볼 수 있었다네. 보석, 황금, 벨벳으로 감싸진 왕의 옷은 너무나 화려하고 멋있었지.

나는 그 불쌍한 노예가 죽도록 채찍을 맞는 장면을 차마 볼 수 없었네. 하지만 그 노예의 고통스러운 비명 소리는 어쩔 수 없이 들을 수밖에 없었지. 인자하게 생긴 네부카드네자르 왕이 그런 참혹함을 그냥 보고만 있는 것이 의아할 뿐이었다. 그러나 왕은 웃으며 귀족과 농담까지 주고받았다네. 그는 잔인한 사람이었고 성벽을 쌓는 노예들에게 그렇게 비인간적인 노동을 시키는 이유를 이해하겠더군.

그 노예는 모진 채찍질을 견디지 못하고 결국 죽고 말았네. 그의 주검은 높다란 기둥에 매달렸다네. 모든 노예에게 보내는 경고였지. 사람들이 흩어진 뒤 나는 조심스럽게 기둥으로 가 보았네. 죽은 노예의 털이 수북한 가슴에서 나는 뱀 두 마리가 얽혀 있는 문신을 보았네. 두 마리의 얽힌 뱀 문신을 보았네. 그는 해적이었다네!

내가 자네 할아버지를 다시 만났을 때 그분은 완전히 다른 사람이 되어 있었지. 아라드 굴라는 내게 반갑게 인사를 건네며 말했네.

'자네의 충고대로 자유인이 되었네. 자네의 충고가 마법의 주문이었던 셈이야. 나는 벌써 많은 돈을 벌고 있다네. 내 아내도 무척 즐거워하지. 그녀는 내 주인의 질녀로 자유인이었네. 아내는 내가 한때 노예였다는 사실을 아는 사람이 아무도 없는 다른 도시로 이사 가기를 원하고 있네. 우리 자식들이 내 과거 때문에 손가락질받지 않도록 말일세. 어쨌든 자네 말이 맞았네. 일이 내 가장 친한 친구가 되었으니. 일은 내게 자신감을 되찾게 해 준 일등공신이라네.'

어느 날 저녁 스와스티는 괴로워하며 나를 찾아왔지.

'주인이 곤란한 저지에 빠진 모양이다. 지금은 주인의 얼굴을 보는 것조차 두렵구나. 도박장에서 많은 돈을 잃고 빚까지 진 모양이야. 그는 농부에게 곡식값도, 벌꿀값도 치르지 못하고. 빚쟁이들은 화가 나 주인을 위협하고 있으니…….'

나는 무심하게 대답했다.

'우리가 왜 그의 어리석음에 대해 걱정해야 합니까. 우리는 그를 돌보는 사람이 아니잖아요.'

'멍청한 녀석 같으니. 아직도 모르겠느냐? 주인이 대부업자에게 빚을 갚는 대신에 너를 넘길 수도 있단 말이다. 정말 착한 주인이었는

데. 그처럼 착한 분에게 왜 이런 불행이 닥쳐야 한단 말인가.'

스와스티의 두려움은 근거가 없지 않았지. 다음 날 아침 내가 빵을 굽고 있을 때 대부업자 사시라는 사람이 찾아왔어. 사시는 나를 한참 뜯어보더니 내가 맘에 든다고 말하더군.

대부업자는 주인의 대답을 기다리지도 않고 스와스티에게 나를 데려갔다고 주인에게 전하라더군. 나는 돈이 담긴 전대를 허리춤에 차고 헐렁한 옷만 걸친 채 허둥지둥 끌려갔다네.

나는 모래 폭풍이 숲에서 나무를 뽑아 파도치는 바다로 내던지는 것처럼 나의 소중한 꿈을 잃고 말았네. 다시 한번 도박과 술이 나에게 재난을 가져온 것이라네.

사시는 무뚝뚝하고 퉁명스런 사나이였어. 그가 나를 끌고 가는 동안 나는 사시에게 내가 나나 나이드를 위해 열심히 일한 것처럼 그를 위해 열심히 일하고 싶다고 말했지.

'나는 그런 일에 관심이 없네. 내 주인도 마찬가지일 걸세. 내 주인은 왕을 대신하여 대수로를 건설할 일꾼을 모으는 사람이니까. 난 주인의 말대로 그저 빨리 공사를 끝낼 일꾼만 모으면 그만일세. 하지만 그처럼 엄청난 공사를 어찌 빨리 끝낼 수 있겠나?'

나는 나무 한 그루도 없는 사막, 태양이 사납게 타오르는 사막에 던져지고 말았네. 목을 축일 물도 없었지. 우리는 새벽부터 밤늦게까지 땅을 파고 무거운 흙을 쉬지도 못하고 날라야 했네. 살아야 하겠기에 돼지처럼 구유에 머리를 처박고 음식을 먹어야 했네. 천막은커녕 밀

집으로 만든 침상도 없었다네. 나는 그런 처참한 환경에서 지내야만 했지. 그러나 나는 미래를 생각하고 내 전대를 아무도 모르는 곳에 묻어 두었네.

처음에 나는 열심히 일했지만, 시간이 지나자 내 의욕도 꺾이기 시작했네. 피로한 까닭에 열병을 앓기 시작했고, 그 때문에 식욕을 잃어 아무것도 먹지 못했네. 그저 밤새 몸을 뒤척이며 내 신세를 한탄할 뿐이었네.

비참한 기분에서 나는 예전에 자바도가 한 말이 떠올랐네. 그라면 적당이 꾀를 부리며 일하는 법을 알고 있을 것만 같았지. 하지만 그를 마지막으로 보았던 때가 기억났고 적당히 꾀를 부리는 방법은 결코 최선책이 아니란 생각이 들었지.

해적도 생각났다. 그처럼 감독관을 살해하고 도망치는 편이 낫지 않을까? 하지만 피를 흘리며 죽어 간 그가 떠올랐다. 그런 계획은 죽음을 재촉하는 어리석은 방법에 지나지 않았지.

나는 메기도를 마지막으로 봤을 때가 기억났네. 그의 손은 험한 일로 못이 박혀 있었지만 얼굴에는 행복이 어려 있었지. 그의 것이 최선의 계획이었던 거야.

나도 메기도만큼 기꺼이 일을 했네. 그의 충고대로 최선을 다해 열심히 일하는 것이 최선의 방책이었지.

어느 날 문득 나도 메기도만큼 열심히 일을 했다는 생각이 들었다. 그도 나만큼 일을 열심히 하진 않았을 것이다. 그런데 내가 절망의 나락으로 떨어진 까닭은 무엇일까? 메기도에게 일이 행복을 가져다준 것은 맞을까? 만약 그게 아니라면 행복과 성공은 신의 손에 달려 있단 말인가? 허리가 부러지도록 일해도 행복을 누릴 수 없단 말인가? 신의 허락이 없으면 평생을 힘들게 일해도 내 꿈을 이룰 수 없단 말인가? 이 모든 질문에 머릿속이 온통 뒤죽박죽이었지만 나는 해답을 찾을 수 없었네. 정말 혼란스러웠지.

내 인내심에 한계에 다다랐을 때 사시가 나를 불렀다. 나를 죽음의 수렁에서 구해 준 구원의 불빛이었다. 주인이 나를 바빌론으로 데리고 간다고 했네. 나는 땅에 묻었던 전대를 파내곤 누더기처럼 해진 옷을 걸치고 곧바로 대수로 건설장을 떠났지.

주인의 집으로 향하면서 나는 많은 생각을 했네. 아무리 생각해도 내 고향 하룬에서 전해오는 운명의 노래처럼 살고 있다는 기분이 들었다네.

회오리바람이 사람을 휘감을 때
폭풍우가 사람을 몰아세울 때
그 누가 예정대로 나아갈 수 있으리오.
그 누가 운명을 예측할 수 있으리오.

결국 나도 운명의 노예인 것인가? 보이지 않는 힘이 나에게 벌을 내리고 있는 것일까? 그렇다면 앞으로 얼마나 많은 고통과 실망이 나를 기다리고 있을까?

마침내 주인의 집에 도착했네. 마당으로 들어서면서 나는 놀라지 않을 수 없었지. 나를 기다리던 주인이 바로 자네 할아버지 아라드 굴라였으니까. 그는 잃어버린 형제를 다시 찾은 것처럼 나를 반갑게 맞아 주었네.

그는 나의 주인이었기 때문에 나는 그를 깍듯하게 섬기려 했네. 그러자 자네 할아버지는 내 어깨를 감싸며 말했지.

'나는 자네를 찾아 사방을 돌아다녔네. 자네를 찾겠다는 희망을 거의 접을 즈음 스와스티를 만났고, 그녀가 자네를 넘겼다는 대부업자에 관해 말해 주었지. 자네 주인에게 엄청난 돈을 주고 자네를 넘겨받았다네. 하지만 자네는 그 이상의 가치가 있는 사람일세. 자네의 철학과 근면함이 나에게 새로운 길을 열어 주었으니까. 자네 덕분에 내가 이처럼 성공할 수 있었다네.'

'아닙니다. 그것은 제 생각이 아니라 메기도의 생각이었습니다.'

'메기도의 생각이 자네의 생각 아니겠나. 어쨌거나 자네 덕분일세. 나는 조만간 다마스쿠스로 이사하려 하네. 자네가 내 동업자가 되어 주었으면 좋겠네. 허락해 주겠나?'

아라드 굴라는 커다랗게 소리쳤네.

'자네는 이제부터 자유인일세.'

그는 이렇게 말하며 허리춤에서 점토판을 꺼내 들었네. 그 점토판에는 내가 노예란 사실이 기록되어 있었지. 그는 그 점토판을 머리 위로 들어 올린 다음 땅바닥에 내동댕이쳤네. 점토판은 산산조각 났지. 아라드 굴라는 흡족한 미소를 띠고는 점토판 조각을 발바닥으로 비벼대며 가루로 만들어 버렸다네.

나는 눈물을 펑펑 쏟으며 그에게 고마워했네. 나는 바빌론에서 가장 운수 좋은 사나이였네."

샤루 나다가 하단 굴라를 뚫어지게 바라보며 말했다.

"어떤 경우라도 일이 가장 소중한 친구라는 사실이 증명되었던 걸세. 극복할 수 없는 불행이 닥치더라도 우리는 일에 기대야 하네. 어떤 상황에서도 열심히 일하겠다는 각오가 되어 있어서 그 죽음의 현장에서 벗어날 수 있었다고 믿네. 그런 나의 자세가 자네 할아버지를 감동시키고 나를 동업자로 삼았던 걸세."

하단 굴라가 물었다.

"일이 제 할아버지 부의 비결이었단 말인가요?"

"내가 자네 할아버지를 처음 만났을 때 그에게는 열심히 일하겠다는 의지밖에 없었네. 자네 할아버지는 정말 일을 사랑하셨네. 신께서도 그의 노력을 인정하시며 후한 보상을 해 주셨다네."

하단 굴라가 깊은 생각에 잠겨 말했다.

"이제야 알겠습니다. 할아버지에게 많은 친구가 있었던 이유는 그분이 부지런히 일하는 모습 때문이었습니다. 할아버지는 근면했기 때문에 성공할 수 있었고, 그 때문에 사람들에게 존경받을 수 있었습니다. 이제야 알겠습니다. 일이 할아버지를 다마스커스의 자랑으로 만들었다는 사실을요."

"인생에는 사람이 즐길 수 있는 많은 즐거움들이 있다네. 하지만 삶을 즐긴 다는 것이 무엇이겠느냐? 이 세상에는 수많은 것이 존재하고 그 모든 것은 각각의 의미를 지니고 있다. 일이 노예만의 몫이라고 생각한다면 나는 세상에서 가장 큰 즐거움을 주는 것을 잃고 말 것이다. 나는 많은 것을 즐기고 있지만 일만큼 내게 즐거움을 주는 것은 없단다."

샤루 나다와 하단 굴라는 바빌론 성벽이 드리워 주는 그늘을 지나 마침내 거대한 성문 앞에 이르렀다. 그들이 다가서자 성문을 지키던 병사들이 뛰쳐나와 샤루 나다를 정중히 맞았다. 샤루 나다는 대상의 선두에서 성문을 통화하여 바빌론 시가지로 들어섰다.

하단 굴라가 결의에 찬 목소리로 말했다.

"저는 언제나 제 할아버지 같은 사람이 되기를 희망해 왔어요. 하지만 할아버지가 어떤 사람이었는지 전혀 모르고 있었습니다. 어르신의 이야기를 듣고 할아버지를 더욱 존경하게 되었습니다. 이 은혜는 평생 잊지 않겠습니다. 오늘부터 저는 할아버지의 성공 비결을 따라 살겠습니다. 할아버지처럼 작은 일에서부터 시작하겠습니다. 제 처지에 어울리지 않는 보석이나 화려한 옷은 모두 벗어 던지겠습니다."

하단 굴라는 귀걸이를 떼어 내고 반지를 뺀 다음 내던져 버렸다. 그런 뒤 고삐를 당겨 말의 속도를 늦추더니 샤루 다나의 뒤로 물러서 공손히 그의 뒤를 따랐다.

바빌론의 역사

An Historical Sketch of Babylon

The Richest Man in Babylon

　바빌로니아의 수도 바빌론보다 화려했던 도시는 역사책 속에 존재하지 않는다. 바빌론이란 이름만으로도 엄청난 황금과 보석, 더없는 부와 영광을 떠올리게 한다.

　사람들은 보통 바빌론이 그처럼 부유한 도시였다면 그 도시가 숲과 광산과 같은 풍부한 천연자원들에 둘러싸여 있었을 것이라고 상상한다. 하지만 바빌론은 그렇지 않았다. 이 풍요로운 도시는 유프라테스강 옆쪽의 편평하고 메마른 계곡에 위치해 있었다. 숲도 없었고, 광산도 없었다. 건물을 지을 돌조차 없었다. 자연스럽게 형성된 무역로에 건설된 도시도 아니었다. 강우량마저 곡물을 재배하기에는 턱없이 부족했다.

| 11장. 바빌론의 역사

바빌론은 인간의 무한한 능력을 증명한 도시다. 인간이 사용 가능한 모든 수단을 동원해 만든 위대한 업적이었다. 그 거대한 도시를 지탱한 자원들은 모두 인간의 손으로 만들어 낸 것이다. 황무지와 다름없는 땅에서 이룩한 풍요도 인간의 손으로 만든 것이었다.

바빌론이 가지고 있던 천연자원은 딱 두 가지, 비옥한 토양과 유프라테스강이었다. 바빌로니아 사람들은 인류 역사에 기록된 최초의 토목 공사를 벌였다. 거대한 관계 수로를 만들어 강물을 농토까지 끌어들였다. 척박한 계곡을 지나 건설된 관계 수로는 비옥한 땅에 물을 공급하며 세계가 일찍이 경험해 보지 못했던 풍부한 곡식이 자랄 수 있게 하였다.

지극히 다행스럽게도 바빌론은 정복이나 약탈을 중시하지 않은 왕들이 오랫동안 통치하였다. 물론 수많은 전쟁에 관여하기는 했지만, 대부분 국지전에 그쳤으며 바빌론의 풍요를 탐낸 다른 나라 정복자들을 방어하는 수준이었다. 바빌론의 통치자들은 지혜와 진취성과 정의로움의 대명사로 여겨졌으며, 온 세상이 바빌론에 경의를 표해야 한다는 착각에서 타국 땅을 무도하게 정복하려 하지 않았다.

대제국 바빌로니아의 수도, 한 도시로서의 바빌론은 더는 존재하지 않는다. 수천 년 동안 도시를 건설하고 유지했던 인간의 활기찬 힘이 사라지자 바빌론은 버려진 폐허가 되었다.

바빌론의 흔적은 수에즈 운하에서 동쪽으로 약 960킬로미터 떨어진 곳, 페르시아만 바로 북쪽에 위치하고 있다. 위도는 북위 30도, 애

리조나주 유마와 거의 비슷한 환경이었다. 뜨거운 햇살이 내려쬐는 건조한 땅이었다는 말이다.

관계 수로 덕분에 광활한 농경지가 있었던 그 땅은 오늘날 황무지로 변해 버렸다. 거대한 도시와 물건을 가득 실은 대상의 행렬은 사라진 지 오래다. 작은 가축 떼를 몰며 근근이 살아 나가는 아랍 유목민들만이 양과 염소를 키우며 힘겹게 살고 있다.

그 땅을 눈여겨보는 사람은 오래도록 없었다. 여행자들은 바빌로니아의 옛 땅을 황무지로 생각했을 뿐이다. 하지만 이따금씩 쏟아지는 폭우에 토기 파편과 벽돌 조각들이 씻겨 나오면서 고고학자들이 그 땅에 관심을 갖게 되었다. 유럽과 미국의 박물관에서 후원을 받은 탐사대가 그곳에 파견되면서 대대적인 발굴 작업을 하였고, 옛 도시들의 흔적이 무수히 발견되었다. 고고학자들의 표현대로 그곳은 도시들의 무덤이었다.

바빌론도 이렇게 발견된 도시 중 하나이다. 2,000여 년 동안 바람이 사막의 먼지로 바빌론은 뒤덮고 있었던 것이다. 진흙으로 빚어 만든 벽돌로 도시를 건설한 까닭에 성벽과 건물이 풍화되면서 흙으로 되돌아가고 말았다. 한때 세상에서 가장 풍요로웠던 도시 바빌론은 그렇게 먼지 더미로 변해 버렸다.

모두에게 잊힌 채 오랜 세월 동안 버려져 있던 도시에서 수세기 동안 쌓인 시간의 때를 벗겨 내자 과거의 영광을 증명하는 널찍한 도로와 궁전과 신전의 흔적이 드러났다.

많은 학자들은 유프라테스강 유역에서 바빌론을 중심으로 발전된 문명권이 인류 역사에서 가장 오래된 문명 세계라고 주장한다. 적어도 기원전 6,000년 전까지 거슬러 올라가는 문명 세계이다. 바빌론이 가장 오래된 문명이라고 확신하는 이유는 무엇일까? 바빌론의 폐허 속에서 발견한 일식에 대한 기록 때문이다. 현대 천문학자들은 일식이 일어난 때를 계산해 낼 수 있었고, 그 결과 그들이 사용한 역법과 현재 역법 사이의 관계까지도 밝혀낼 수 있었다.

학자들은 지금으로부터 적어도 8,000년 전 바빌로니아를 건설한 수메르 사람들이 성곽으로 둘러싸인 도시에서 살았다는 사실을 증명하였다. 다만 그러한 도시들이 언제부터 존재했는지 현재로서는 추측만 가능할 뿐이다.

수메르 사람들은 단순히 성곽만 쌓고 살았던 미개인들이 아니었다. 그들은 고등 교육을 받은 개화된 사람들이었다. 역사의 흔적에서 알 수 있듯이 그들은 최초의 공학자였고, 최초의 천문학자였으며, 최초의 수학자였다. 또한 문자를 지닌 최초의 금융인이었다.

메마른 계곡을 농업의 천국으로 바꾸어 놓은 관개 시설에 관해서는 이미 이야기했다. 지금은 그 수로가 모래로 가득 채워져 있지만 그 흔적은 뚜렷이 남아 있다. 말 10마리가 나란히 걸을 수 있을 정도로 엄청난 규모의 수로였다. 대부분 모래가 채워져 있기는 하지만 이들 수로의 잔해들은 아직도 뚜렷하게 볼 수 있다. 미국 콜로라도주나 유타주에 가장 큰 수로와 필적하는 규모다.

척박한 땅을 적신 관개 수로 이외에도 바빌로니아 사람들은 상상도 할 수 없는 토목 공사를 해냈다. 그들은 유프라테스강과 티그리스강 하구의 거대한 늪지대를 매립하여 농토로 만들었다.

그리스의 여행가이자 역사학자인 헤로도토스는 한창 때의 바빌론을 방문해서 그 도시에 대한 기록을 남긴 유일한 외부인이다. 그가 쓴 글에는 바빌론의 찬란한 문명과 독특한 풍습이 생생하게 남아 있다. 비옥한 농토와 그 땅에서 생산된 밀과 보리의 풍성한 수확에 대한 기록도 빠뜨리지 않았다.

바빌론의 영광은 희미해졌지만, 그들의 지혜는 지금까지 전해진다. 그들이 남긴 기록에서 우리는 삶의 지혜를 배울 수 있다. 종이가 발명되기 전이었지만, 바빌론 사람들은 축축한 진흙판에 글을 새겼다. 그렇게 완성된 점토판을 불에 구워 단단하게 만들었다. 점토판 대부분이 가로 15센티미터, 세로 20센티미터 크기이고 두께는 2.5센티미터 정도이다.

점토판에 전설, 시, 역사, 왕의 칙령, 법, 재산 소유권, 약속 어음, 심지어 먼 도시로 전하는 편지까지 기록했다. 이 점토판들을 통해 우리는 바빌론 사람들의 사적인 이야기를 엿볼 수 있다. 이런 점토판을 통해서 우리는 그 시대를 살았던 사람들의 개인적인 삶까지도 엿볼 수 있다.

가령 한 상점 주인이 남긴 듯한 점토판에는 흥미로운 기록이 담겨 있다. 어느 날 손님이 암소 한 마리를 끌고 와 밀가루 일곱 자루와 교환했는데, 우선 세 자루를 가져가고 나머지 네 자루는 그 손님이 원하는 때에 가져가기로 했다는 기록이다.

고고학자들은 모래 먼지로 뒤덮인 도시의 잔해에서 수십만 장의 점토판이 보관된 거대한 서고를 발견했다.

바빌론의 놀라운 불가사의 중 하나는 도시를 둘러싼 거대한 성벽이다. 고대인들은 성벽을 이집트의 피라미드와 같이 '세계 7대 불가사의'로 생각했다. 바빌론에 성벽을 최초로 쌓았던 사람은 세미라미스 여왕이라고 알려져 있다. 그러나 고고학자들은 최초의 성벽에 대한 어떤 흔적도 찾아낼 수 없었다. 따라서 정확한 높이를 알 수 없지만 고대 저술가의 기록에 따르면 높이가 대략 15~18미터였고 회벽에는 구운 벽돌이 붙여졌으며 깊은 해자가 둘러져 있었다.

기원전 600년 무렵 나보폴라사르 왕이 바빌론의 성벽을 다시 쌓기 시작했지만 그는 원대한 계획이 완성되는 것을 보지 못하고 세상을 떠나고 만다. 그 뒤 성경에도 이름이 등장하는 느부갓네살이 왕위를 계승하면서 아버지의 유업을 완성했다.

이 성벽의 크기와 길이는 믿기 어려울 정도다. 한 자료에 따르면 높이는 48미터(현대의 15층 건물 높이)이고 길이는 14.5~17.5킬로미터였다. 성벽 상단의 높이도 상당히 넓어서 말 6마리가 끄는 전차가 달릴 수 있었다.

하지만 이 거대한 구조물 중 기초석과 해자의 일부만이 오늘날까지 남아 있을 뿐이다. 아랍인들이 다른 곳에 건물을 세우려고 성벽의 벽돌을 캐낸 행위도 그 웅장한 성벽의 운명을 재촉한 원인이 되었다.

수많은 정복자들이 바빌론을 에워싸고 항복을 받아 내려 했지만 바빌론의 성벽은 거뜬하게 이겨 냈다. 그 당시 침략군을 결코 가볍게 생각해서는 안 된다. 역사학자의 주장에 따르면 기병 1만 명, 전차 2만 5,000대, 보병 연대 1,200개(1연대 당 1천 명)로 이루어진 대대적인 침략군이었다. 병사를 모집하고 식량을 준비하는 데만 2~3년이 걸렸던 대규모의 침략군이었다.

바빌론은 오늘날의 도시와 흡사했다. 널찍한 도로와 상점이 있었고 물건을 파는 행상인도 있었다. 사제들은 웅장한 사원에서 일했으며 성내에는 황궁을 둘러싼 높은 담이 있었다. 왕궁의 담은 바빌론 시내에서 가장 높은 담이었다.

바빌로니아 사람들은 예술에도 능했다. 조각, 회화, 직조술, 세공술 등에서 탁월한 솜씨를 자랑했다. 바빌론의 유적지에서 발견된 보석들은 예술품이나 진배없었다. 다른 지역에 사는 사람들이 돌도끼로 나무를 패고 돌을 날카롭게 연마한 창과 화살로 사냥을 하던 시절에 바빌로니아 사람들은 금속으로 만든 도끼, 창, 화살을 사용하였다.

바빌로니아 사람들은 뛰어난 금융가였고 영리한 상인이었다. 현재까지 밝혀진 바에 따르면 교환 수단으로 돈과 어음이란 제도를 발명하고 재산권을 문서로 기록한 최초의 민족이었다.

바빌론은 기원전 약 540년경 침략군에게 정복당하고 말았다. 하지만 그때에도 바빌론 성벽이 무너진 것은 이이었다. 바빌론의 몰락은

지도자의 잘못된 판단에서 비롯된 비극이었다. 당시 가장 위대한 정복자 중 한 사람이었던 페르시아의 키로스 2세는 난공불락으로 여기던 성벽을 자랑하던 바빌론을 정복하기 위해 다가오고 있었다. 그 당시 바빌론의 왕 나보니두스는 원로들의 조언을 받아들여 바빌론이 포위되기 전에 출정해서 키로스 2세와 전쟁을 벌이기로 했다. 하지만 키로스 2세의 강력한 군사력에 바빌론 군대가 연패를 당하자 나보니두스는 바빌론을 버리고 달아날 수밖에 없었다. 그래서 키로스 2세는 아무런 저항도 맞지 않고 바빌론에 입성할 수 있었다.

그 뒤 바빌론은 몰락하기 시작했고 결국 버려진 땅이 되고 말았다. 바람과 폭풍이 사막의 모래를 옮겨 오면서 바빌론의 높은 성벽과 웅장한 건물들은 다시 원래의 사막의 흙으로 되돌아가고 말았다.

바빌론은 몰락한 이후 다시 일어서지 못했다. 그러나 그들이 남겨 놓은 문명의 흔적들은 여전히 우리 곁에서 숨 쉬고 있다.

웅대한 성벽을 사막의 먼지로 만든 영겁도 바빌론의 지혜를 지워 버릴 수는 없었다. 바빌론의 지혜는 지금까지 살아남아 현대인들의 삶을 이끌고 있다.

바빌론 부자들의 돈 버는 지혜
The Richest Man in Babylon

초판 1쇄 펴낸 날 2025년 4월 10일

지은이   조지 사무엘 클레이슨
옮긴이   이유경
펴낸이   장영재
펴낸곳   (주)미르북컴퍼니
자회사   더스토리
전 화   02)3141-4421
팩 스   0505-333-4428
등 록   2012년 3월 16일(제313-2012-81호)
주 소   서울시 마포구 성미산로32길 12, 2층 (우 03983)
E-mail   sanhonjinju@naver.com
카 페   cafe.naver.com/mirbookcompany
S N S   instagram.com/mirbooks

- (주)미르북컴퍼니는 독자 여러분의 의견에 항상 귀 기울이고 있습니다.
- 파본은 책을 구입하신 서점에서 교환해 드립니다.
- 책값은 뒤표지에 있습니다.